Curso
MAD360

La diferencia entre aprobar y sacar plaza

Cuerpo de Gestión

ADMINISTRACIÓN CIVIL DEL ESTADO
(ACCESO LIBRE)

Si aún no dispones de tu **Curso MAD360**, te ofrecemos un acceso GRATIS de 30 días para que disfrutes de los siguientes recursos:

- Técnicas de Memoria 360.
- MADTEST: Test *online* Nivel PRO.
- Temario en formato digital.
- Planificación de estudio.
- Foro entre opositores hasta la fecha del examen.*
- Recursos y novedades exclusivas.
- Consúltanos sobre tu oposición y proceso selectivo.

Para acceder a esta prueba del Curso MAD360** será necesaria la compra de todos los libros para esta especialidad de la edición 2026.

Regístrate en **mad.es/iniciar-sesion** y en la pestaña MIS CURSOS valida los códigos que encuentras en la última página de tus libros.

NOTA IMPORTANTE:

* Examen de esta categoría profesional correspondiente a la convocatoria publicada en el BOE núm. 306, de 22 de diciembre de 2025, o hasta el 28 de febrero de 2027, lo que se cumpla antes, y previa renovación del servicio.

** El acceso al CURSO MAD360 estará disponible desde febrero de 2026 (algunos recursos podrían estar disponibles en fecha posterior). Tendrá una duración de 30 días RENOVABLES mediante pago, desde la validación de códigos, o hasta el 31 de agosto de 2027, lo que se cumpla antes.

MAD se reserva el derecho a ampliar dichas fechas.

Cuerpo de Gestión de la Administración Civil del Estado

(Acceso Libre)

Febrero 2026

Cuerpo de Gestión de la Administración Civil del Estado

(Acceso Libre)

Test del temario
y supuestos prácticos

Autores

FRANCISCO JESÚS TORRES FONSECA
Licenciada en Derecho

JOAQUÍN MARTÍNEZ DEL FRESNO
Licenciado en Derecho

JOSÉ LUIS GARRIDO VELA
Licenciado en Derecho

JUAN CARLOS USERO LÓPEZ
Licenciado en Derecho

JOSÉ ANTONIO GUERRERO ARROYO
Cuerpo Superior de Letrados
Cuerpo Superior Jurídico

CRISTINA RODRÍGUEZ RÍOS
Licenciada en Derecho

LIDIA PONCE MARTÍNEZ
Licenciada en Psicología

© 7 Editores Recursos para la Cualificación Profesional y el Empleo, S.L. (7 Editores)
© Los autores
Primera edición, febrero 2026 (300 páginas)
Derechos de edición reservados a favor de 7 Editores
IMPRESO EN ESPAÑA
Diseño Portada: 7 Editores
Edita: 7 Editores
Avda. San Francisco Javier, 9 · Edificio Sevilla 2 · Planta 11 · Módulos 25-27 · 41018 Sevilla
Teléfono: 954 784 411 · WEB: www.mad.es · e-mail: administracion@7editores.com
ISBN: 979-13-702-8452-7
© "Editorial Mad" y "Eduforma" son nombres comerciales registrados de
7 Editores Recursos para la Cualificación Profesional y el Empleo, S.L.

Índice

TEST

I. Organización del Estado y de la Administración Pública

Test n.º 1. La Constitución Española de 1978: estructura y contenido. La reforma de la Constitución 17

Test n.º 2. Derechos y deberes fundamentales. Su garantía y suspensión. El Defensor del Pueblo 21

Test n.º 3. El Tribunal Constitucional. Organización, composición y atribuciones 25

Test n.º 4. La Corona. Funciones constitucionales del Rey. Sucesión y regencia. El refrendo.. 29

Test n.º 5. El Poder Legislativo. Las Cortes Generales. Composición y atribuciones del Congreso de los Diputados y del Senado.. 33

Test n.º 6. El Poder Ejecutivo. El Presidente del Gobierno y el Consejo de Ministros. Relaciones entre el Gobierno y las Cortes Generales. Designación, causas de cese y responsabilidad del Gobierno. El Consejo de Estado............ 37

Test n.º 7. El Poder Judicial. El principio de unidad jurisdiccional. El Consejo General del Poder Judicial. La organización judicial española 41

Test n.º 8. La Administración General del Estado. Principios de organización y funcionamiento. Órganos centrales. Órganos superiores y órganos directivos: creación, nombramiento, cese y funciones. Los servicios comunes de los ministerios. Órganos territoriales. La Administración del Estado en el Exterior.. 45

Test n.º 9. El sector público institucional: entidades que lo integran y régimen jurídico.. 49

Test n.º 10. Organización territorial (I): las Comunidades Autónomas. Los Estatutos de Autonomía. Organización política y administrativa. La delimitación de competencias entre el Estado y las Comunidades Autónomas en la Constitución y en los Estatutos de Autonomía 53

Test n.º 11. Organización territorial (II): la Administración local: entidades que la integran. La autonomía local. El municipio: organización y competencias. La provincia: organización y competencias... 57

II. Unión Europea

Test n.º 1. La Unión Europea: Antecedentes. Objetivos y naturaleza jurídica. Los Tratados originarios y modificativos. El Tratado de la Unión Europea y el Tratado de Funcionamiento de la Unión Europea. El proceso de ampliación. Las cooperaciones reforzadas 63

Test n.º 2. La organización de la Unión Europea (I): el Consejo Europeo, el Consejo y la Comisión Europea. Composición y funciones. El procedimiento decisorio. La participación de los Estados miembros en las diferentes fases del proceso 67

Test n.º 3. La organización de la Unión Europea (II): el Parlamento Europeo. El Tribunal de Justicia de la Unión Europea. El Tribunal de Cuentas. El Banco Central Europeo 71

Test n.º 4. Las fuentes del Derecho de la Unión Europea. Derecho originario. Derecho derivado: Reglamentos, directivas y decisiones. Otras fuentes. Las relaciones entre el Derecho de la Unión Europea y el ordenamiento jurídico de los Estados miembros 75

Test n.º 5. El presupuesto comunitario. Los fondos europeos. La cohesión económica y social 79

Test n.º 6. Políticas de la Unión Europea: mercado interior. Política económica y monetaria. Política exterior y de seguridad común. El espacio de seguridad, libertad y justicia. Defensa de la competencia. Política agrícola y pesquera 83

III. Políticas Públicas

Test n.º 1. Políticas de modernización de la Administración General del Estado. La Administración electrónica. Acceso electrónico de los ciudadanos a los servicios públicos. La Agenda Digital para España. La calidad de los servicios públicos y de atención al ciudadano. Mejora Regulatoria y Análisis de Impacto Normativo 89

Test n.º 2. Política económica actual. Política presupuestaria. Evolución y distribución actual del gasto público. Política fiscal. La unidad de mercado 93

Test n.º 3. Política ambiental. Distribución de competencias. Conservación de la biodiversidad. Prevención de la contaminación y el cambio climático 99

Test n.º 4. La Seguridad Social: estructura y financiación. Problemas actuales y líneas de actuación. El régimen general y los regímenes especiales. La acción protectora de la Seguridad Social. Tipos y características de las prestaciones 103

Test n.º 5. La evolución del empleo en España. Los servicios públicos de empleo: régimen de prestaciones y políticas de empleo 107

Test n.º 6. Política de inmigración. Régimen de los extranjeros en España. Derecho de asilo y condición de refugiado 111

Test n.º 7. El Gobierno Abierto: concepto, principios informadores y planes de acción de España. La Ley 19/2013, de 9 de diciembre, de transparencia, acceso a la información pública y buen gobierno 115

Test n.º 8. La protección de datos personales y su régimen jurídico: principios, derechos, responsable y encargado del tratamiento, delegado y autoridades de protección de datos. Derechos digitales 119

Test n.º 9. Políticas de igualdad y contra la violencia de género: régimen jurídico. Políticas de igualdad de trato y no discriminación de las personas LGTBI. Discapacidad y dependencia: régimen jurídico 123

Test n.º 10. Otras políticas públicas. El sistema sanitario: distribución de competencias, gestión y financiación. Política exterior y de cooperación al desarrollo. Régimen de telecomunicaciones y desarrollo de la sociedad de la información. La Agenda 2030 y los Objetivos de Desarrollo Sostenible... 127

IV. Derecho Administrativo General

Test n.º 1. Las fuentes del Derecho Administrativo: concepto y clases. La jerarquía de las fuentes 133

Test n.º 2. La ley. Tipos de leyes. Reserva de ley. Disposiciones del Gobierno con fuerza de ley: decreto-ley y decreto legislativo 137

Test n.º 3. El reglamento: concepto, clases y límites. Los principios generales del Derecho. Los tratados internacionales.. 141

Test n.º 4. El acto administrativo: concepto, clases y elementos. Eficacia y validez de los actos administrativos. Su motivación y notificación 145

Test n.º 5. Los contratos del sector público (I): concepto, clases y elementos. Preparación, adjudicación, efectos, cumplimiento y extinción. La revisión de precios y otras alteraciones contractuales. Régimen de invalidez y recursos 149

Test n.º 6. Los contratos regulados por la Ley de Contratos del Sector Público (II). Tipos. Características generales 153

Test n.º 7. Procedimientos y formas de la actividad administrativa. La actividad de intervención, arbitral, de servicio público y de fomento. Formas de gestión de los servicios públicos. Ayudas y subvenciones públicas: régimen jurídico 157

Test n.º 8. La expropiación forzosa: concepto, naturaleza y elementos. Procedimientos de expropiación. Garantías jurisdiccionales............................ 161

Test n.º 9. El régimen patrimonial de las Administraciones públicas. El dominio público. Los bienes patrimoniales del Estado. El Patrimonio Nacional. Los bienes comunales 165

Test n.º 10. La responsabilidad patrimonial de las Administraciones públicas. Procedimiento de responsabilidad patrimonial............................... 169

Test n.º 11. Las Leyes del Procedimiento Administrativo Común de las Administraciones Públicas y del Régimen Jurídico del Sector Público. Procedimiento administrativo común y su alcance: iniciación, ordenación, instrucción y terminación. La obligación de resolver. El silencio administrativo 173

Test n.º 12. Los derechos de los ciudadanos en el procedimiento administrativo. Las garantías en el desarrollo del procedimiento. La revisión de los actos en vía administrativa: revisión de oficio y recursos administrativos.... 177

Test n.º 13. La jurisdicción contencioso-administrativa: funciones, órganos y competencias. El recurso contencioso-administrativo. Actividad administrativa impugnable. Las partes: capacidad, legitimación, representación y defensa..... 181

V. Administración de Recursos Humanos

Test n.º 1. El personal al servicio de las Administraciones Públicas: concepto y clases. Adquisición y pérdida de la relación de servicio. Régimen jurídico   187

Test n.º 2. Derechos y deberes del personal al servicio de las Administraciones Públicas. Régimen disciplinario.. 191

Test n.º 3. Planificación de recursos humanos. Ofertas de empleo público. Selección de personal. Las competencias en materia de personal 195

Test n.º 4. Formas de provisión de puestos de trabajo y movilidad en la Administración del Estado. Promoción interna y carrera profesional......... 199

Test n.º 5. Situaciones administrativas del personal al servicio de las Administraciones Públicas. Incompatibilidades.. 203

Test n.º 6. El sistema de retribuciones de los funcionarios. Retribuciones básicas y retribuciones complementarias. Las indemnizaciones por razón del servicio... 207

Test n.º 7. El personal laboral al servicio de las Administraciones Públicas: su régimen jurídico. El IV Convenio Único para el personal laboral al servicio de la Administración General del Estado: ámbito de aplicación y sistema de clasificación... 211

Test n.º 8. Negociación colectiva, representación y participación institucional de los empleados públicos. El derecho de huelga y su ejercicio 215

Test n.º 9. El régimen especial de la Seguridad Social de los funcionarios civiles del Estado. MUFACE y las clases pasivas: acción protectora. Concepto y clases de prestaciones. Derechos pasivos 219

Test n.º 10. Acceso al empleo público y provisión de puestos de trabajo de las personas con discapacidad 223

VI. Gestión Financiera y Seguridad Social

Test n.º 1. El presupuesto. Concepto y clases. La Ley General Presupuestaria: principios generales y estructura. Las leyes de estabilidad presupuestaria 229

Test n.º 2. Las leyes anuales de presupuestos. Su contenido. El presupuesto del Estado. Principios de programación y de gestión. Contenido, elaboración y estructura. Desglose de aplicaciones presupuestarias 233

Test n.º 3. Gastos plurianuales. Modificaciones de los créditos iniciales. Transferencias de crédito. Créditos extraordinarios. Suplementos de crédito. Ampliaciones de créditos. Incorporaciones de créditos. Generaciones de créditos 237

Test n.º 4. Control del gasto público en España. La Intervención General de la Administración del Estado. Función interventora, control financiero permanente y auditoría pública. El Tribunal de Cuentas 241

Test n.º 5. El procedimiento administrativo de ejecución del presupuesto de gasto. Órganos competentes. Fases del procedimiento y su relación con la actuación administrativa. Especial referencia a la contratación administrativa y la gestión de subvenciones. Documentos contables que intervienen en la ejecución de los gastos y de los pagos. Gestión de la tesorería del Estado 245

Test n.º 6. Gastos para la compra de bienes y servicios. Gastos de inversión. Gastos de transferencias: corrientes y de capital. Anticipos de caja fija. Pagos «a justificar». Justificación de libramientos 249

Test n.º 7. Los ingresos públicos: concepto y clasificación. El sistema tributario español: régimen actual. Especial referencia al régimen de tasas y precios públicos 257

Test n.º 8. Retribuciones de los funcionarios públicos. Nóminas: estructura y normas de confección. Altas y bajas, su justificación. Ingresos en formalización. Devengo y liquidación de derechos económicos 263

SUPUESTOS PRÁCTICOS 267

TEST

I. Organización del Estado y de la Administración Pública

TEST N.º 1

**La Constitución Española de 1978: estructura
y contenido. La reforma de la Constitución**

1. Las primeras elecciones democráticas celebradas en España tras la muerte de Franco tuvieron lugar en:

a) 1975.
b) 1976.
c) 1977.
d) 1978.

2. El referéndum en el que se aprobó popularmente la Constitución se llevó a efecto el:

a) 27 de diciembre de 1978.
b) 6 de diciembre de 1978.
c) 31 de octubre de 1978.
d) 29 de diciembre de 1979.

3. La ponencia encargada de redactar el borrador de la Constitución se constituyó en el:

a) Senado.
b) Senado y Congreso de los Diputados.
c) Congreso de los Diputados.
d) Gobierno de la Nación.

4. Si un poder público, en su actuación, infringe lo dispuesto en el Preámbulo de la Constitución:

a) Incurre en nulidad.
b) Incurre en inconstitucionalidad.
c) No pasa nada, salvo que, como consecuencia de esa actuación, se infrinja un artículo de la propia Constitución.
d) Nada de lo anterior es cierto.

5. El principio en virtud del cual el ciudadano está amparado por una legislación no sujeta a continuos vaivenes es el de:

a) Legalidad.
b) Publicidad normativa.
c) Seguridad jurídica.
d) Jerarquía normativa.

6. El principio en virtud del cual un Reglamento no puede contradecir una Ley es el de:

a) Legalidad.
b) Jerarquía normativa.
c) Las respuestas a) y b) son correctas.
d) Seguridad jurídica.

7. Según la Constitución, una norma que imponga una nueva pena más leve para un delito:

a) No se aplica retroactivamente.
b) Puede aplicarse retroactivamente.
c) Ha de ser reglamentaria.
d) Atenta contra el principio de legalidad penal si se aplica retroactivamente.

8. Todos los españoles, respecto al castellano, tienen el:

a) Derecho-deber de conocerlo.
b) Derecho de usar y deber de conocerlo.
c) Derecho-deber de usarlo.
d) Nada de lo anterior.

9. La capital del Estado en España es:

a) La propia de cada Comunidad Autónoma.
b) Madrid.
c) Aquella donde se establezca en cada momento el Gobierno de la Nación.
d) Aquella en la que resida generalmente el Rey.

10. El Título de la Constitución que trata de la reforma constitucional es el:

a) Primero.
b) Décimo.
c) Noveno.
d) Undécimo.

En MADTEST tienes **más preguntas de este tema**, y todos tus avances quedan registrados y se reflejan en el ranking.

¡Supera tus límites con MADTEST!

Solución al test n.º 1

1. c) 1977.

2. b) 6 de diciembre de 1978.

3. c) Congreso de los Diputados.

4. c) No pasa nada, salvo que, como consecuencia de esa actuación, se infrinja un artículo de la propia Constitución.

5. c) Seguridad jurídica.

6. c) Las respuestas a) y b) son correctas.

7. b) Puede aplicarse retroactivamente.

8. b) Derecho de usar y deber de conocerlo.

9. b) Madrid.

10. b) Décimo.

TEST N.º 2

**Derechos y deberes fundamentales.
Su garantía y suspensión. El Defensor del Pueblo**

1. Según la Constitución, el Estado es:

a) Apolítico.
b) Aconfesional.
c) De bienestar social.
d) Federal.

2. El derecho a la vida se consagra en el siguiente artículo de la Constitución:

a) 10.
b) 16.
c) 15.
d) 24.

3. La pena de muerte en España:

a) Ha quedado abolida.
b) Puede aplicarse en cualquier momento.
c) Solo se aplicará, en tiempo de guerra, a los militares.
d) Rige solo en el ámbito civil.

4. La inmediata puesta a disposición judicial derivada del *hábeas corpus*, se produce por:

a) Detención ilegal.
b) Prisión ilegal.
c) Prisión preventiva.
d) Detención preventiva.

5. El proceso en el que se enjuicie a un presunto delincuente debe:

a) Ser sumario.
b) No dilatarse.

c) Entorpecer los instrumentos probatorios.
d) Nada de lo anterior es cierto.

6. La entrada en un domicilio en caso de flagrante delito, sin autorización de su titular:

a) Puede dar lugar a la aplicación del *hábeas corpus*.
b) Requiere autorización previa de la autoridad judicial.
c) Puede efectuarse en todo momento.
d) No puede realizarse en momento alguno.

7. Cuando, al conocerse la comisión de un delito por una persona, se acude a su domicilio para detenerla:

a) Está obligada a franquear la entrada.
b) Se necesitará autorización judicial para entrar, si no da su consentimiento para ello.
c) Pese a que no dé su consentimiento, se puede entrar.
d) Nada de lo anterior es correcto.

8. La autorización previa para celebrar una manifestación pública:

a) La da el Subdelegado del Gobierno en la Provincia.
b) Es ineludible.
c) Sería inconstitucional.
d) Se da cuando no se prevean alteraciones al orden público, con peligro para personas o bienes.

9. El tipo de sufragio que consagra la Constitución es el:

a) Proporcional.
b) Universal.
c) Censitario.
d) Las respuestas a) y b) son correctas.

10. Además de la no autoinculpación, la Constitución prevé que no se está obligado a declarar sobre un hecho presuntamente delictivo en caso de:

a) Parentesco y afinidad.
b) Cláusula de conciencia.
c) Secreto profesional.
d) Las respuestas a) y b) son correctas.

En MADTEST tienes **más preguntas de este tema**, y todos tus avances quedan registrados y se reflejan en el ranking.

¡Supera tus límites con MADTEST!

Solución al test n.º 2

1. b) Aconfesional.

2. c) 15.

3. a) Ha quedado abolida.

4. a) Detención ilegal.

5. b) No dilatarse.

6. c) Puede efectuarse en todo momento.

7. b) Se necesitará autorización judicial para entrar, si no da su consentimiento para ello.

8. c) Sería inconstitucional.

9. b) Universal.

10. c) Secreto profesional.

TEST N.º 3

El Tribunal Constitucional. Organización, composición y atribuciones

1. A un miembro del Tribunal Constitucional se le permite solo excepcionalmente:

a) El ejercicio de una actividad profesional.
b) La pertenencia a órganos directivos de un partido político, siempre que sea anterior a su nombramiento como tal.
c) Ejercer algún mandato representativo.
d) Nada de lo anterior está permitido.

2. La distribución de asuntos entre las Salas del Tribunal Constitucional se realiza por el/la:

a) Pleno.
b) Presidente del Tribunal.
c) Sección de que se trate.
d) Comisión Permanente.

3. El número total de miembros del Tribunal Constitucional, incluido su Presidente, es de:

a) Doce.
b) Trece.
c) Veintiuno.
d) Veinte.

4. La decisión sobre la admisibilidad o inadmisibilidad de los recursos presentados ante el Tribunal Constitucional se reserva al/a las:

a) Pleno.
b) Presidente.
c) Salas.
d) Secciones.

5. Una condición inexcusable para ser miembro de este Tribunal es la de ser:

a) Miembro de la Judicatura.
b) Profesor universitario.

c) Jurista.
d) Político.

6. Aparte de cualquier persona que invoque un interés legítimo, puede interponer el recurso de amparo el:

a) Presidente del Gobierno de la Nación.
b) Ministerio Fiscal.
c) Consejo de Gobierno de las Comunidades Autónomas.
d) Las respuestas a) y c) son ciertas.

7. El Tribunal Constitucional puede tener competencias en las materias que le atribuye:

a) Solo la Constitución.
b) Su Ley Orgánica.
c) Las dos anteriores y otras Leyes Orgánicas.
d) Cualquier norma con rango de Ley.

8. Los Reglamentos de orden interno del Tribunal Constitucional se aprueban por el/las:

a) Cortes Generales.
b) Presidente del Tribunal.
c) Pleno del Tribunal.
d) Gobierno de la Nación.

9. Para interponer la cuestión de inconstitucionalidad se requiere la firma del siguiente número de Diputados del Congreso de los Diputados o Senadores:

a) Veinticinco.
b) Setenta y cinco.
c) Cincuenta.
d) Ninguno, al no poder hacerlo.

10. Entre el Gobierno y el Consejo General del Poder Judicial se proponen los siguientes miembros del Tribunal Constitucional:

a) Dos cada uno.
b) Dos.
c) Cuatro cada uno.
d) Ocho.

En MADTEST tienes **más preguntas de este tema,** y todos tus avances quedan registrados y se reflejan en el ranking.

¡Supera tus límites con MADTEST!

Solución al test n.º 3

1. d) Nada de lo anterior está permitido.

2. a) Pleno.

3. a) Doce.

4. d) Secciones.

5. c) Jurista.

6. b) Ministerio Fiscal.

7. c) Las dos anteriores y otras Leyes Orgánicas.

8. c) Pleno del Tribunal.

9. d) Ninguno, al no poder hacerlo.

10. a) Dos cada uno.

TEST N.º 4

La Corona. Funciones constitucionales del Rey. Sucesión y regencia. El refrendo

1. El Rey, según la Constitución, es el Jefe del/de la:

a) Administración.
b) Estado.
c) Nación.
d) Gobierno de la Nación.

2. Cuando el Rey vaya a contraer matrimonio:

a) Requerirá autorización de las Cortes Generales.
b) Debe obtener el beneplácito del Jefe de la Casa Real.
c) Bastará con comunicárselo a las Cortes Generales y que estas no lo prohíban.
d) Puede hacerlo sin necesidad de autorización ni comunicación alguna.

3. Si se extinguen todas las líneas llamadas a la sucesión a la Corona:

a) Ejercerán sus funciones los Regentes.
b) Las Cortes Generales deberán proveer lo más conveniente a los intereses de España.
c) Actuarán los nombrados por el Rey difunto.
d) Las respuestas a) y b) son correctas alternativamente.

4. En caso de inhabilitación del Rey, una vez reconocida la misma por las Cortes Generales, si no hubiese Príncipe Heredero:

a) Se nombra a una nueva línea de sucesión.
b) El Regente que se designe ejercerá sus funciones hasta que sea llamada otra persona a la sucesión.
c) Se proveerá a la sucesión en la forma que más convenga a los intereses de España.
d) Mantiene el Rey el ejercicio de sus funciones constitucionales.

5. En caso de inhabilitación del Rey, siendo el Príncipe Heredero menor de edad:

a) Ejerce la Regencia el padre, madre o pariente más próximo del segundo.
b) El designado Regente lo será hasta que el Príncipe Heredero acceda a la condición de Rey.

c) Se nombra, en cualquier caso, uno, tres o cinco Regentes.
d) Nada de lo anterior es cierto.

6. El consorte de la Reina puede asumir, como función constitucional, el/la:

a) Tutoría.
b) Regencia.
c) Alto patronazgo de las Reales Academias.
d) Las respuestas a) y b) son ciertas.

7. El Regente tiene que hacer el juramento previsto en el art. 61 de la Constitución:

a) Al ser nombrado.
b) En ningún caso.
c) Cuando se lo exija el Rey.
d) Al hacerse cargo de sus funciones.

8. Puede producirse, en determinados casos, la acumulación del cargo de tutor con el de:

a) Regente.
b) Jefe de la Casa Real.
c) Príncipe Heredero.
d) Consorte de la Reina.

9. Se confiere fuerza obligatoria a las Leyes por parte del Rey:

a) En ningún caso, al ser potestad de las Cortes Generales.
b) Al sancionarlas.
c) Al publicarlas.
d) Al promulgarlas.

10. La sanción de las Leyes de los Parlamentos Autonómicos se realiza por el:

a) Presidente de los mismos.
b) Presidente de la Comunidad Autónoma de que se trate.
c) Rey.
d) Presidente del Gobierno de la Nación.

En MADTEST tienes **más preguntas de este tema**, y todos tus avances quedan registrados y se reflejan en el ranking.

¡Supera tus límites con MADTEST!

Solución al test n.º 4

1. b) Estado.

2. d) Puede hacerlo sin necesidad de autorización ni comunicación alguna.

3. b) Las Cortes Generales deberán proveer lo más conveniente a los intereses de España.

4. b) El Regente que se designe ejercerá sus funciones hasta que sea llamada otra persona a la sucesión.

5. d) Nada de lo anterior es cierto.

6. b) Regencia.

7. d) Al hacerse cargo de sus funciones.

8. a) Regente.

9. d) Al promulgarlas.

10. b) Presidente de la Comunidad Autónoma de que se trate.

TEST N.º 5

El Poder Legislativo. Las Cortes Generales. Composición y atribuciones del Congreso de los Diputados y del Senado

1. Ceuta cuenta en el Congreso de los Diputados con el siguiente número de Diputados:

a) Uno.
b) Dos.
c) Tres.
d) Ninguno.

2. No puede delegarse por el Pleno del Congreso de los Diputados en una Comisión Legislativa Permanente del mismo la aprobación de:

a) Proposiciones de Ley.
b) Proyectos de Ley.
c) Decretos-Leyes.
d) Todo lo anterior es válido.

3. El criterio que se sigue para atribuir los escaños del Congreso de los Diputados a cada Provincia, una vez garantizado un mínimo inicial, es el de:

a) La población.
b) Territorialidad.
c) Asignación al partido mayoritario.
d) Todos los anteriores inciden en este reparto.

4. El número mínimo de integrantes de las Comisiones de Investigación que se constituyan en el Congreso de los Diputados es:

a) De veintiún miembros.
b) Una décima parte del número de miembros de la Diputación Permanente.
c) Equivalente al de la Mesa del Congreso de los Diputados.
d) Indeterminado por la Constitución.

5. En caso de que no exista Parlamento Autonómico, el nombramiento de los Senadores en representación de la Comunidad Autónoma debe realizarse por:

a) Las propias Cortes Generales.
b) El Gobierno de la Nación.
c) El Consejo de Gobierno de la Comunidad Autónoma.
d) El Presidente de dicha Comunidad Autónoma.

6. Las sesiones conjuntas de las Cámaras previstas en relación con las atribuciones que la Constitución les reconoce respecto de la Corona son:

a) De carácter no legislativo.
b) Informativas.
c) Legislativas.
d) Depende de los casos.

7. El orden del día de las sesiones de las Comisiones del Congreso de los Diputados se establece por el/la:

a) Mesa de dichas Comisiones.
b) Presidente de la Cámara.
c) Presidente de las mismas.
d) Mesa de la Cámara.

8. Según la Constitución, el segundo período anual de sesiones de las Cámaras concluye en:

a) Septiembre.
b) Diciembre.
c) Febrero.
d) Junio.

9. Como regla general, los acuerdos de las Cámaras deben adoptarse por el siguiente quórum:

a) Mayoría absoluta del número de hecho.
b) Mayoría absoluta del número legal de miembros.
c) Mayoría de los miembros presentes.
d) Mayoría de los votos emitidos personalmente o por representación.

10. La exigencia por el Congreso de los Diputados de la responsabilidad política del Gobierno de la Nación se efectúa a través del/de la:

a) Cuestión de confianza.
b) Moción de censura.
c) Convalidación o no de sus normas.
d) Todo lo anterior.

En MADTEST tienes **más preguntas de este tema**, y todos tus avances quedan registrados y se reflejan en el ranking.

¡Supera tus límites con MADTEST!

Solución al test n.º 5

1. a) Uno.

2. c) Decretos-Leyes.

3. a) La población.

4. d) Indeterminado por la Constitución.

5. c) El Consejo de Gobierno de la Comunidad Autónoma.

6. a) De carácter no legislativo.

7. a) Mesa de dichas Comisiones.

8. d) Junio.

9. c) Mayoría de los miembros presentes.

10. b) Moción de censura.

TEST N.º 6

El Poder Ejecutivo. El Presidente del Gobierno y el Consejo de Ministros. Relaciones entre el Gobierno y las Cortes Generales. Designación, causas de cese y responsabilidad del Gobierno. El Consejo de Estado

1. La vigente Ley del Gobierno de la Nación es de:

a) 1992.
b) 1995.
c) 1996.
d) 1997.

2. El ámbito donde es posible una mayor discrecionalidad por parte del Gobierno de la Nación es en el/la:

a) Aplicación de la ley.
b) Potestad reglamentaria.
c) Dirección de la política.
d) Función ejecutiva.

3. La función representativa de los miembros del Gobierno de la Nación se manifiesta en:

a) La Jefatura de los Ministerios.
b) Su estatuto personal como tales.
c) Su mandato parlamentario.
d) Ninguna forma.

4. La coordinación de las funciones de los miembros del Gobierno de la Nación es competencia del/de las:

a) Presidente del Gobierno de la Nación.
b) Vicepresidente del Gobierno de la Nación.
c) Ministerio de la Presidencia, Justicia y Relaciones con las Cortes.
d) Comisiones Delegadas del Gobierno de la Nación.

5. La propuesta del Rey de candidato a la Presidencia del Gobierno de la Nación se canaliza a través del:

a) Presidente del Congreso de los Diputados.
b) Gobierno de la Nación en pleno.
c) Senado y Congreso de los Diputados.
d) Grupo político mayoritario.

6. La confianza al candidato a Presidente del Gobierno de la Nación se otorga, en primera vuelta, por:

a) Mayoría absoluta de las Cortes Generales.
b) Mayoría absoluta del Congreso de los Diputados.
c) Mayoría simple del Congreso de los Diputados.
d) Mayoría simple de las Cortes Generales.

7. La disolución de las Cámaras, por transcurso de dos meses desde la primera votación de investidura, sin obtención de la confianza parlamentaria por los candidatos, se refrenda por el:

a) Presidente del Gobierno de la Nación.
b) Rey.
c) Presidente del Congreso de los Diputados.
d) No necesita refrendo.

8. El Gobierno de la Nación, en relación con los Presupuestos Generales del Estado:

a) Los aprueba.
b) Los convalida.
c) Aprueba su Proyecto de Ley.
d) Los ratifica.

9. No se incluye como principio fundamental de la actuación de la Administración el de:

a) Coordinación.
b) Cooperación.
c) Legalidad.
d) Las respuestas b) y c) son correctas.

10. La aprobación de exigencia de responsabilidad de un Ministro por un delito contra la seguridad del Estado en el ejercicio de sus funciones compete al/a la:

a) Sala de lo Penal del Tribunal Supremo.
b) Mayoría absoluta de los miembros del Congreso de los Diputados.
c) Cuarta parte de estos miembros.
d) Consejo de Ministros.

En MADTEST tienes **más preguntas de este tema**, y todos tus avances quedan registrados y se reflejan en el ranking.

¡Supera tus límites con MADTEST!

Solución al test n.º 6

1. d) 1997.

2. c) Dirección de la política.

3. c) Su mandato parlamentario.

4. a) Presidente del Gobierno de la Nación.

5. a) Presidente del Congreso de los Diputados.

6. b) Mayoría absoluta del Congreso de los Diputados.

7. c) Presidente del Congreso de los Diputados.

8. c) Aprueba su Proyecto de Ley.

9. b) Cooperación.

10. b) Mayoría absoluta de los miembros del Congreso de los Diputados.

TEST N.º 7

**El Poder Judicial. El principio de unidad jurisdiccional.
El Consejo General del Poder Judicial.
La organización judicial española**

1. El Título VI de la Constitución de 1978 lleva por título:

a) De la Administración de Justicia.
b) De la Administración del Poder Judicial.
c) Del Poder Judicial.
d) De los Jueces y Magistrados.

2. Según la Constitución de 1978, ¿quién administra la justicia?

a) El pueblo.
b) El Rey.
c) Los Juzgados y Tribunales integrantes del Poder Judicial.
d) Los Jueces y Magistrados integrantes del Poder Judicial, en nombre del Rey.

3. La función del Estado atribuida a los Juzgados y Tribunales con la finalidad de aplicar el derecho se califica como:

a) Poder judicial.
b) Potestad jurisdiccional.
c) Potestad jurídica.
d) Poder jurisdiccional.

4. ¿De dónde emana el Poder Judicial?

a) Del pueblo español.
b) Del Rey.
c) De los Jueces y Magistrados.
d) De los Juzgados y Tribunales.

5. ¿Qué norma se aprobó para dar cumplimiento al mandato constitucional contenido en el art. 122.1 de la Constitución de 1978?

a) La Ley Provisional sobre organización del Poder Judicial.
b) La Ley Orgánica del Poder Judicial.

c) La Ley de Bases para la reforma de la Justicia Municipal.

d) La Ley Adicional a la Orgánica del Poder Judicial.

6. Indica cuál de los siguientes preceptos constitucionales no contiene una manifestación del principio de legalidad relacionado con la institución del poder judicial.

a) Artículo 117.1.

b) Artículo 25.1.

c) Artículo 125.

d) Artículo 9.1.

7. De los principios que se consagran en la Constitución de 1978, ¿cuál constituye la característica esencial del Poder Judicial en cuanto tal?

a) El principio de responsabilidad.

b) El principio de unidad jurisdiccional.

c) El principio democrático.

d) El principio de independencia.

8. Según la Constitución de 1978, ¿a quién corresponde ejercer la potestad jurisdiccional?

a) Al Rey.

b) Al pueblo español.

c) A los Jueces y Magistrados integrantes del Poder Judicial.

d) A los Juzgados y Tribunales determinados por las leyes.

9. El Tribunal del Jurado fue suspendido:

a) En el año 1812.

b) En el año 1869.

c) En el año 1931.

d) En el año 1936.

10. El derecho fundamental de participación directa de los ciudadanos en los asuntos públicos, reconocido en el art. 23.1 de la Constitución de 1978 enlaza con:

a) El principio de independencia judicial.

b) El Tribunal del Jurado.

c) La responsabilidad por error judicial.

d) La publicidad de las actuaciones judiciales.

En MADTEST tienes **más preguntas de este tema**, y todos tus avances quedan registrados y se reflejan en el ranking.

¡Supera tus límites con MADTEST!

Solución al test n.º 7

1. c) Del Poder Judicial.

2. d) Los Jueces y Magistrados integrantes del Poder Judicial, en nombre del Rey.

3. b) Potestad jurisdiccional.

4. a) Del pueblo español.

5. b) La Ley Orgánica del Poder Judicial.

6. c) Artículo 125.

7. d) El principio de independencia.

8. d) A los Juzgados y Tribunales determinados por las leyes.

9. d) En el año 1936.

10. b) El Tribunal del Jurado.

TEST N.º 8

La Administración General del Estado. Principios de organización y funcionamiento. Órganos centrales. Órganos superiores y órganos directivos: creación, nombramiento, cese y funciones. Los servicios comunes de los ministerios. Órganos territoriales. La Administración del Estado en el Exterior

1. Según el artículo 3 de la Ley 40/2015, de 1 de octubre, de Régimen Jurídico del Sector Público (LRJSP), las Administraciones Públicas, en su actuación y relaciones, respetarán, entre otros, el principio de simplicidad, claridad y:

a) Proximidad a los ciudadanos.
b) Servicio efectivo a los ciudadanos.
c) Jerarquía.
d) Lealtad institucional.

2. Según el artículo 54.1 de la LRJSP, la Administración General del Estado actúa y se organiza de acuerdo con los principios establecidos en el artículo 3, así como los de:

a) Descentralización y desconcentración funcional.
b) Descentralización y desconcentración territorial.
c) Descentralización territorial y desconcentración funcional.
d) Descentralización funcional y desconcentración funcional y territorial.

3. Señala la respuesta incorrecta. Según el artículo 55.2 de la LRJSP, la Administración General del Estado comprende:

a) La organización territorial.
b) La Administración General del Estado en el exterior.
c) La organización Central.
d) La organización Local.

4. Según la LRJSP, en la Administración General del Estado:

a) Los órganos superiores y directivos tienen la condición de alto cargo.
b) Los órganos superiores tienen la condición de alto cargo pero no los órganos directivos.
c) Los órganos superiores tienen la condición de órganos directivos.
d) Los órganos superiores y directivos tienen la condición de alto cargo, excepto los Subdirectores generales y asimilados.

5. En la organización central de la Administración General del Estado, son órganos superiores:

a) Los Directores Generales.
b) Los Subsecretarios.
c) Los Secretarios de Estado.
d) Los Secretarios Generales.

6. Los Secretarios Generales tienen categoría de:

a) Secretario de Estado.
b) Subdirector General.
c) Subsecretario.
d) Director General.

7. Es el nombre actual de un Departamento ministerial:

a) Ministerio de Administraciones Públicas.
b) Ministerio de Hacienda.
c) Ministerio de Economía y Hacienda.
d) Ministerio de Política Territorial y Función Pública.

8. Es el nombre actual de un Departamento ministerial:

a) Ministerio de Industria, Energía y Turismo.
b) Ministerio de Economía, Comercio y Empresa.
c) Ministerio de Economía y Comercio.
d) Ministerio de Comercio, Turismo y Agenda Digital.

9. La determinación del número, la denominación y el ámbito de competencia respectivo de los Ministerios y las Secretarías de Estado se establecen mediante:

a) Ley orgánica.
b) Ley ordinaria.
c) Real Decreto Legislativo.
d) Real Decreto del Presidente del Gobierno.

10. En un Ministerio, la Secretaría General Técnica depende:

a) De la Subsecretaría.
b) De una de las Secretarías de Estado.
c) De una Dirección General.
d) De la Secretaría General.

Solución al test n.º 8

1. a) Proximidad a los ciudadanos.

2. d) Descentralización funcional y desconcentración funcional y territorial.

3. d) La organización Local.

4. d) Los órganos superiores y directivos tienen la condición de alto cargo, excepto los Subdirectores generales y asimilados.

5. c) Los Secretarios de Estado.

6. c) Subsecretario.

7. b) Ministerio de Hacienda.

8. b) Ministerio de Economía, Comercio y Empresa.

9. d) Real Decreto del Presidente del Gobierno.

10. a) De la Subsecretaría.

TEST N.º 9

El sector público institucional: entidades que lo integran y régimen jurídico

1. ¿Qué Título de la Ley 40/2015, de 1 de octubre, de Régimen Jurídico del Sector Público, se dedica a la Organización y funcionamiento del sector público institucional?

a) El Título I.
b) El Título II.
c) El Título III.
d) El Título IV.

2. ¿Qué dos grandes grupos de entes institucionales cabe establecer, según ENTRENA CUESTA, atendiendo a su estructura y funcionamiento?

a) Fundaciones y Corporaciones.
b) Asociaciones y Fundaciones.
c) Consorcios y Asociaciones.
d) Asociaciones y Corporaciones.

3. ¿A qué tipo de ente institucional definió ENTRENA CUESTA como «Entes públicos menores de carácter institucional a los que se adscriben fondos públicos para el cumplimiento de fines específicos propios del Ente del que dependen»?

a) A las Corporaciones.
b) A las Asociaciones.
c) A las Fundaciones.
d) A los Consorcios.

4. Señala cuál de los siguientes no es uno de los principios a los que están sometidas las entidades que integran el sector público institucional en su actuación:

a) Eficiencia.
b) Estabilidad presupuestaria.

c) Transparencia en su gestión.
d) Equilibrio económico.

5. ¿En qué plazo desde la recepción de la solicitud de inscripción, se practicará la misma en el Inventario de Entidades del Sector Público Estatal, Autonómico y Local?

a) Dentro del plazo de siete días hábiles siguientes a la recepción de la solicitud de inscripción.
b) Dentro del plazo de 10 días hábiles siguientes a la recepción de la solicitud de inscripción.
c) Dentro del plazo de 15 días hábiles siguientes a la recepción de la solicitud de inscripción.
d) Dentro del plazo de 20 días hábiles siguientes a la recepción de la solicitud de inscripción.

6. Indica cuál de las siguientes entidades forman parte del sector público institucional estatal:

a) Las sociedades mercantiles estatales.
b) Los fondos con personalidad jurídica.
c) Las universidades públicas transferidas.
d) Todas las respuestas son correctas.

7. En la denominación de las entidades integrantes del sector público institucional que tengan la condición de medio propio deberá figurar necesariamente la indicación «Medio Propio» o:

a) La abreviatura SPIMP.
b) Las siglas Sec. Pub. Inst.
c) Su abreviatura MPI.
d) Su abreviatura MP.

8. ¿Cuáles son los máximos órganos de gobierno de los organismos públicos estatales?

a) El Presidente y la Junta de Dirección.
b) El Presidente y la Comisión de Gobierno.
c) El Presidente y el Consejo Rector.
d) El Presidente, el Vicepresidente y el Consejo.

9. Señala la respuesta incorrecta respecto a los organismos públicos estatales:

a) La creación de los organismos públicos se efectuará por ley.
b) La dirección del organismo público debe establecer un modelo de control orientado a conseguir una seguridad razonable en el cumplimiento de sus objetivos.

c) El anteproyecto de ley de creación del organismo público deberá ser acompañado de una propuesta de estatutos y de un plan inicial de actuación, junto con el informe preceptivo favorable del Consejo de Ministros.

d) Los organismos públicos se estructuran en los órganos de gobierno, y ejecutivos que se determinen en su respectivo Estatuto.

10. ¿Quién aprueba los estatutos de los organismos públicos?

a) El Ministerio de la Presidencia, Justicia y Relaciones con las Cortes.
b) El Consejo de Ministros.
c) El Ministerio de Hacienda y Función Pública.
d) El Ministerio al que el organismo esté vinculado o sea dependiente.

En MADTEST tienes **más preguntas de este tema,** y todos tus avances quedan registrados y se reflejan en el ranking.

¡Supera tus límites con MADTEST!

Solución al test n.º 9

1. b) El Título II.

2. a) Fundaciones y Corporaciones.

3. c) A las Fundaciones.

4. d) Equilibrio económico.

5. c) Dentro del plazo de 15 días hábiles siguientes a la recepción de la solicitud de inscripción.

6. a) Las sociedades mercantiles estatales.

7. d) Su abreviatura MP.

8. c) El Presidente y el Consejo Rector.

9. c) El anteproyecto de ley de creación del organismo público deberá ser acompañado de una propuesta de estatutos y de un plan inicial de actuación, junto con el informe preceptivo favorable del Consejo de Ministros.

10. b) El Consejo de Ministros.

TEST N.º 10

Organización territorial (I): las Comunidades Autónomas. Los Estatutos de Autonomía. Organización política y administrativa. La delimitación de competencias entre el Estado y las Comunidades Autónomas en la Constitución y en los Estatutos de Autonomía

1. La autonomía garantizada por la Constitución respecto de los Entes en que se organiza territorialmente el Estado lo es para:

a) Todo tipo de actuaciones.
b) La gestión de sus intereses.
c) Legislar.
d) Cuestiones políticas solo.

2. Según la Constitución, el número de Comunidades Autónomas a constituir es de:

a) Diecisiete.
b) Dieciséis.
c) Quince.
d) No se establece un número en concreto.

3. La titularidad de la soberanía española radica en el/las:

a) Cortes Generales como representantes del pueblo español.
b) Rey como Jefe del Estado.
c) Pueblo mismo.
d) Nacionalidades y regiones que integran España.

4. Los privilegios económicos o sociales entre Comunidades Autónomas, sobre la base de sus Estatutos:

a) Se reservan a las de autonomía plena.
b) Dependen de las circunstancias de cada una.
c) Es lo normal.
d) Están prohibidos.

5. El principio de coordinación con la Hacienda estatal se consigue por:

a) El Fondo de Compensación Interterritorial.
b) Los preceptos de las sucesivas Leyes de Presupuestos Generales del Estado.

c) La creación del Consejo de Política Fiscal y Financiera de las Comunidades Autónomas.

d) Imperativo de la propia Constitución.

6. Junto a la autonomía, la Constitución consagra, respecto de las Comunidades Autónomas, el principio de:

a) Unidad.

b) Indisolubilidad.

c) Indivisibilidad.

d) Solidaridad.

7. El modelo que, en líneas generales, ha seguido el actual esquema autonómico, se dio en el/la:

a) Constitución de Cádiz de 1812.

b) Primera República.

c) Segunda República.

d) Régimen de Franco.

8. La sustitución de la iniciativa autonómica de las Corporaciones afectadas puede verificarse por las Cortes Generales a través de:

a) Reforma de la Constitución.

b) Ley refrendada.

c) Ley ordinaria.

d) Ley Orgánica.

9. El supuesto de territorio no integrado en la organización provincial, a los efectos de constitución como Comunidad Autónoma, se refiere a:

a) Los territorios con entidad regional histórica.

b) Ceuta y Melilla.

c) Gibraltar.

d) Navarra.

10. La integración de Navarra al Consejo General Vasco o al régimen autonómico vasco:

a) Es obligatoria, según la Constitución.

b) Requiere referéndum en el País Vasco y Navarra.

c) Se ha excluido expresamente en una Disposición Transitoria de la Constitución.

d) Nada de lo anterior es correcto.

En MADTEST tienes **más preguntas de este tema**, y todos tus avances quedan registrados y se reflejan en el ranking.

¡Supera tus límites con MADTEST!

Solución al test n.º 10

1. b) La gestión de sus intereses.

2. d) No se establece un número en concreto.

3. c) Pueblo mismo.

4. d) Están prohibidos.

5. c) La creación del Consejo de Política Fiscal y Financiera de las Comunidades Autónomas.

6. d) Solidaridad.

7. c) Segunda República.

8. d) Ley Orgánica.

9. c) Gibraltar.

10. d) Nada de lo anterior es correcto.

TEST N.º 11

**Organización territorial (II): la Administración Local:
entidades que la integran. La autonomía local. El municipio:
organización y competencias. La provincia: organización y competencias**

1. La Administración Local está integrada por:

a) Por órganos.
b) Por Entes, no por órganos.
c) Por sujetos de Derecho con personalidad jurídica propia.
d) Son correctas las respuestas b) y c).

2. Uno de los hitos normativos más importantes en la evolución del Régimen Local es:

a) La Constitución Española de 1931.
b) El Decreto de Javier de Burgos, de 30 de noviembre de 1833.
c) La Declaración Universal de los Derechos Humanos.
d) El Estatuto de Bayona de 1808.

3. Se definen como entidades locales integradas por los municipios de grandes aglomeraciones urbanas entre cuyos núcleos de población existan vinculaciones económicas y sociales que hagan necesaria la planificación conjunta y la coordinación de determinados servicios y obras:

a) Las Áreas Metropolitanas.
b) Las Comarcas.
c) Las Mancomunidades.
d) Las entidades de ámbito territorial inferior al Municipio.

4. Son entidades locales territoriales:

a) El municipio y las mancomunidades.
b) Las provincias y las comarcas.

c) El municipio, las provincias y las áreas metropolitanas.

d) La Isla en los archipiélagos balear y canario y los municipios.

5. La no presentación de cuentas por las entidades de ámbito territorial inferior al Municipio ante los organismos correspondientes del Estado y de la Comunidad Autónoma:

a) Conllevará que el personal que estuviera al servicio de la entidad quedará incorporado en la Administración del Estado.

b) Conllevará que el personal que estuviera al servicio de la entidad quedará incorporado en la Administración de la Comunidad Autónoma.

c) Será motivo para la sustitución de sus órganos de gobierno.

d) Será causa de disolución.

6. El artículo 137 de la Constitución Española dispone:

a) El Estado se organiza territorialmente en Municipios, en Provincias y en las Comunidades Autónomas que se constituyan.

b) El Estado se organiza territorialmente en Municipios, en Provincias e Islas.

c) El Estado se organiza territorialmente en Municipios, en Provincias y en Comarcas.

d) El Estado se organiza territorialmente en Municipios, en Provincias y en Concejos.

7. De acuerdo con el artículo 141 de la Constitución Española:

a) El gobierno y la administración autónoma de las provincias estarán encomendados a las Diputaciones u otras Corporaciones de carácter representativo.

b) El gobierno y la administración autónoma de las provincias estarán encomendados al Pleno de la Diputación Provincial.

c) El gobierno y la administración autónoma de las provincias estarán encomendados a la Junta de Gobierno de la Diputación Provincial.

d) El gobierno y la administración autónoma de las Provincias estarán encomendados a las Corporaciones de carácter representativo.

8. Uno de los principios fundamentales en relación con el Régimen Local que recoge la Constitución Española es:

a) La autonomía de las Corporaciones Locales en la gestión de sus intereses.

b) El carácter democrático y representativo de sus órganos de gobierno.

c) La suficiencia de las Haciendas Locales.

d) Todas las respuestas anteriores son correctas.

9. ¿Es posible crear agrupaciones de Municipios diferentes de la Provincia?

a) No.

b) En algunos casos.

c) Solo si lo decide el Presidente del Gobierno.
d) Sí.

10. De conformidad con el artículo 140 de la Constitución Española, los concejales serán elegidos por sufragio:

a) Universal por parte de los ciudadanos del municipio.
b) Universal, igual, libre, e indirecto.
c) Universal, igual, libre, directo y secreto.
d) Universal, igual, libre, directo y secreto, en la forma establecida en la ley.

En MADTEST tienes **más preguntas de este tema**, y todos tus avances quedan registrados y se reflejan en el ranking.

¡Supera tus límites con MADTEST!

Solución al test n.º 11

1. d) Son correctas las respuestas b) y c).

2. b) El Decreto de Javier de Burgos, de 30 de noviembre de 1833.

3. a) Las Áreas Metropolitanas.

4. d) La Isla en los archipiélagos balear y canario y los municipios.

5. d) Será causa de disolución.

6. a) El Estado se organiza territorialmente en Municipios, en Provincias y en las Comunidades Autónomas que se constituyan.

7. a) El gobierno y la administración autónoma de las provincias estarán encomendados a las Diputaciones u otras Corporaciones de carácter representativo.

8. d) Todas las respuestas anteriores son correctas.

9. d) Sí.

10. d) Universal, igual, libre, directo y secreto, en la forma establecida en la ley.

II. Unión Europea

TEST N.º 1

**La Unión Europea: Antecedentes. Objetivos y naturaleza jurídica.
Los Tratados originarios y modificativos. El Tratado de la Unión Europea
y el Tratado de Funcionamiento de la Unión Europea.
El proceso de ampliación. Las cooperaciones reforzadas**

1. El Tratado de la CECA entra en vigor el:

a) 25 de julio de 1952.
b) 1 de julio de 1952.
c) 31 de junio de 1952.
d) 25 de junio de 1952.

2. El periodo de duración del Tratado de la CECA era de:

a) No se establecía periodo de duración.
b) 40 años.
c) 25 años.
d) 50 años.

3. Los Tratados de Roma de 25 de marzo de 1957 por los que se crean la Comunidad Económica Europea (CEE) y la Comunidad Europea de la Energía Atómica (CEEA o EURATOM) se firman por:

a) Alemania, Gran Bretaña, Italia, Bélgica, Holanda, Luxemburgo.
b) Alemania, Francia, Italia, Bélgica, Holanda, Luxemburgo.
c) Francia, Italia, Bélgica, Holanda, Luxemburgo.
d) Alemania, Francia, Gran Bretaña, Bélgica, Holanda, Luxemburgo.

4. De acuerdo con el Tratado Constitutivo de la Comunidad Europea, la realización de las funciones asignadas a la Comunidad corresponderá a:

a) Una Asamblea, un Consejo, una Comisión y un Tribunal de Justicia.
b) Un Parlamento, un Consejo, una Comisión y un Tribunal de Justicia.

c) Una Asamblea, un Consejo y una Comisión.

d) Una Asamblea, un Consejo y un Tribunal de Justicia.

5. De acuerdo con el Tratado de Bruselas de 8 de abril de 1965, que entró en vigor el 1 de julio de 1967, denominado tratado de fusión, se constituyó:

a) Un Consejo único y una Comisión única.

b) Un único Tribunal de Justicia y una Comisión.

c) Un único Tribunal de Justicia, Parlamento, Comisión y Consejo.

d) Un Consejo y un Parlamento único.

6. El Acta Única es ratificada por España en:

a) 1987.

b) 1986.

c) 1988.

d) 1989.

7. Son objetivos del Acta Única:

a) Establecimiento de un gran mercado sin fronteras.

b) Adopción de políticas estructurales y de apoyo a las regiones más atrasadas.

c) Cooperación en investigación y desarrollo.

d) Todos son objetivos.

8. El Tratado de Lisboa:

a) Modifica los dos textos fundamentales de la UE: el Tratado de la Unión Europea y el Tratado constitutivo de la Comunidad Europea.

b) El Tratado Constitutivo pasará a llamarse Tratado de Funcionamiento de la Unión Europea.

c) Entrará en vigor el 1 de diciembre de 2010.

d) Las respuestas a) y b) son verdaderas.

9. De acuerdo con el Tratado de Lisboa, el funcionamiento de la UE se rige por los siguientes principios democráticos:

a) Igualdad democrática.

b) Democracia representativa.

c) Democracia participativa.

d) Todos son verdaderos.

10. El Tratado de Niza entra en vigor:

a) El 1 de febrero de 2003.
b) El 1 de enero de 2003.
c) El 1 de febrero de 2002.
d) El 28 de febrero de 2003.

En MADTEST tienes **más preguntas de este tema**, y todos tus avances quedan registrados y se reflejan en el ranking.

¡Supera tus límites con MADTEST!

Solución al test n.º 1

1. a) 25 de julio de 1952.

2. d) 50 años.

3. b) Alemania, Francia, Italia, Bélgica, Holanda, Luxemburgo.

4. a) Una Asamblea, un Consejo, una Comisión y un Tribunal de Justicia.

5. a) Un Consejo único y una Comisión única.

6. b) 1986.

7. d) Todos son objetivos.

8. d) Las respuestas a) y b) son verdaderas.

9. d) Todos son verdaderos.

10. a) El 1 de febrero de 2003.

TEST N.º 2

La organización de la Unión Europea (I): el Consejo Europeo, el Consejo y la Comisión Europea. Composición y funciones. El procedimiento decisorio. La participación de los Estados miembros en las diferentes fases del proceso

1. El Consejo está compuesto por:

a) Un representante de cada Estado miembro, de rango ministerial, facultado para comprometer al Gobierno del Estado miembro al que represente y para ejercer el derecho de voto.

b) Los Jefes de Estado o de Gobierno de los Estados miembros, así como por su Presidente y por el Presidente de la Comisión.

c) Los Jefes de Estado o de Gobierno de los países miembros.

d) Todas son falsas.

2. Excepto cuando los Tratados dispongan otra cosa, el Consejo se pronunciará por:

a) Mayoría simple.

b) Unanimidad.

c) Mayoría cualificada.

d) Mayoría simple y cualificada.

3. ¿Cuál es el órgano ejecutivo de la Unión Europea?

a) El Consejo.

b) El Consejo Europeo.

c) La Comisión.

d) El Presidente de la Comisión.

4. Los miembros de la Comisión son nombrados por:

a) El Parlamento.

b) El Parlamento y el Consejo Europeo de forma conjunta.

c) El Consejo Europeo, por mayoría cualificada.

d) El Consejo, por mayoría cualificada.

5. El presupuesto anual de la UE es decidido (aprobado):

a) Conjuntamente por el Consejo y el Parlamento, por un procedimiento especial.
b) Por el Parlamento.
c) Por la Comisión.
d) Por la Comisión y el Parlamento, por un procedimiento ordinario.

6. El COREPER es:

a) La representación de cada miembro ante la UE.
b) Un órgano de la Comisión.
c) Un órgano del Parlamento.
d) La reunión de los miembros de la Comisión.

7. ¿Cúantas Vicepresidencias tiene la actual Comisión?

a) 6.
b) 7.
c) 8.
d) 5.

8. La Comisión se designa:

a) Para un periodo de 5 años.
b) Para un periodo de 6 años.
c) Para un periodo de 4 años.
d) Para un periodo que determine el Parlamento.

9. La sede de la Comisión está en:

a) Estrasburgo.
b) Bruselas.
c) Luxemburgo.
d) París.

10. El cargo de presidente de la Comisión será propuesto:

a) Por el Consejo Europeo al Parlamento por mayoría cualificada.
b) Por el Parlamento al Consejo Europeo.
c) Por el Consejo de la Unión Europea al Parlamento.
d) Conjuntamente por el Parlamento y el Consejo.

En MADTEST tienes **más preguntas de este tema**, y todos tus avances quedan registrados y se reflejan en el ranking.

¡Supera tus límites con MADTEST!

Solución al test n.º 2

1. a) Un representante de cada Estado miembro, de rango ministerial, facultado para comprometer al Gobierno del Estado miembro al que represente y para ejercer el derecho de voto.

2. c) Mayoría cualificada.

3. c) La Comisión.

4. c) El Consejo Europeo, por mayoría cualificada.

5. a) Conjuntamente por el Consejo y el Parlamento, por un procedimiento especial.

6. a) La representación de cada miembro ante la UE.

7. a) 6.

8. a) Para un periodo de 5 años.

9. b) Bruselas.

10. a) Por el Consejo Europeo al Parlamento por mayoría cualificada.

TEST N.º 3

**La organización de la Unión Europea (II): el Parlamento Europeo.
El Tribunal de Justicia de la Unión Europea. El Tribunal de Cuentas.
El Banco Central Europeo**

1. El Tribunal de Cuentas asistirá:

a) Al Parlamento Europeo y al Consejo en el ejercicio de su función de control de la ejecución del presupuesto.
b) A todas las Instituciones.
c) Al Consejo, al Parlamento y al Consejo Europeo.
d) Al Consejo, al Parlamento, al Consejo Europeo y al Tribunal de Justicia.

2. El Tribunal de Justicia de la Unión Europea comprenderá:

a) El Tribunal de Justicia, el Tribunal General y los tribunales especializados.
b) El Tribunal de Justicia y el Tribunal General.
c) El Tribunal de Justicia, el Tribunal General, los tribunales especializados y el Tribunal de Primera Instancia.
d) El Tribunal de Justicia y los tribunales especializados.

3. Respecto al Alto Representante de la Unión para Asuntos Exteriores y Política de Seguridad:

a) El Consejo Europeo nombrará por mayoría cualificada, con la aprobación del Presidente de la Comisión, al Alto Representante de la Unión para Asuntos Exteriores y Política de Seguridad.
b) El Consejo nombrará por mayoría cualificada, con la aprobación del Presidente de la Comisión, al Alto Representante de la Unión para Asuntos Exteriores y Política de Seguridad.
c) El Consejo Europeo nombrará por unanimidad, con la aprobación del Presidente de la Comisión, al Alto Representante de la Unión para Asuntos Exteriores y Política de Seguridad.
d) El Consejo Europeo nombrará por mayoría cualificada al Alto Representante de la Unión para Asuntos Exteriores y Política de Seguridad.

4. Señala la respuesta verdadera:

a) El Parlamento Europeo y el Consejo estarán asistidos por un Comité Económico y Social y por un Comité de las Regiones que ejercerán funciones consultivas.
b) El Parlamento Europeo, el Consejo y la Comisión estarán asistidos por un Comité Económico y Social y por un Comité de las Regiones que ejercerán funciones consultivas.
c) El Parlamento Europeo, el Consejo, la Comisión y el Tribunal de Justicia estarán asistidos por un Comité Económico y Social y por un Comité de las Regiones que ejercerán funciones consultivas.
d) Todas las respuestas son falsas.

5. El Parlamento Europeo:

a) Estará compuesto por representantes de los ciudadanos de la Unión.
b) La representación de los ciudadanos será decrecientemente proporcional, con un mínimo de seis Diputados por Estado miembro.
c) No se asignará a ningún Estado miembro más de noventa y seis escaños.
d) Todas las respuestas son verdaderas.

6. Los Diputados al Parlamento Europeo serán elegidos para un mandato de:

a) Cuatro años.
b) Seis años.
c) Cinco años.
d) Todas son falsas.

7. Examinar las cuentas de la totalidad de los ingresos y gastos de la Comunidad corresponde:

a) Al Tribunal de Cuentas.
b) Al Tribunal de Justicia.
c) A la Comisión.
d) Al Consejo.

8. El Tribunal de Justicia de la Unión Europea tendrá su sede en:

a) Luxemburgo.
b) Bruselas.
c) Frankfurt.
d) La Haya.

9. Respecto a las elecciones al Parlamento Europeo, en España se ha optado porque:

a) La circunscripción electoral sea única para todo el territorio nacional.
b) La circunscripción electoral sea por Comunidades Autónomas.

c) La circunscripción electoral sea por provincias.
d) Todas las respuestas son falsas.

10. Respecto del Parlamento Europeo:

a) El periodo parcial de sesiones será la reunión que celebre el Parlamento, por regla general, cada mes y este periodo se dividirá en sesiones.
b) La legislatura coincidirá con la duración del mandato de los Diputados.
c) La duración del periodo de sesiones será de un año.
d) Todas las respuestas son verdaderas.

En MADTEST tienes **más preguntas de este tema**, y todos tus avances quedan registrados y se reflejan en el ranking.

¡Supera tus límites con MADTEST!

Solución al test n.º 3

1. a) Al Parlamento Europeo y al Consejo en el ejercicio de su función de control de la ejecución del presupuesto.

2. a) El Tribunal de Justicia, el Tribunal General y los tribunales especializados.

3. a) El Consejo Europeo nombrará por mayoría cualificada, con la aprobación del Presidente de la Comisión, al Alto Representante de la Unión para Asuntos Exteriores y Política de Seguridad.

4. b) El Parlamento Europeo, el Consejo y la Comisión estarán asistidos por un Comité Económico y Social y por un Comité de las Regiones que ejercerán funciones consultivas.

5. d) Todas las respuestas son verdaderas.

6. c) Cinco años.

7. a) Al Tribunal de Cuentas.

8. a) Luxemburgo.

9. a) La circunscripción electoral sea única para todo el territorio nacional.

10. d) Todas las respuestas son verdaderas.

TEST N.º 4

Las fuentes del derecho de la Unión Europea. Derecho originario. Derecho derivado: Reglamentos, directivas y decisiones. Otras fuentes. Las relaciones entre el Derecho de la Unión Europea y el ordenamiento jurídico de los Estados miembros

1. En los casos específicos previstos por los Tratados (procedimiento legislativo especial), los actos legislativos podrán ser adoptados por iniciativa de:

a) Un grupo de Estados miembros o del Parlamento Europeo, por recomendación del Banco Central Europeo o a petición del Tribunal de Justicia o del Banco Europeo de Inversiones.

b) Tres Estados miembros o del Parlamento Europeo, por recomendación del Banco Central Europeo o a petición del Tribunal de Justicia o del Banco Europeo de Inversiones.

c) Un grupo de Estados miembros o del Parlamento Europeo, por recomendación del Banco Central Europeo o a petición del Tribunal de Justicia o del Banco Europeo de Inversiones, o del Tribunal de Cuentas.

d) Todas son falsas.

2. Respecto a la iniciativa legislativa:

a) Un grupo de al menos quinientas mil firmas de ciudadanos de la Unión, que sean nacionales de un número significativo de Estados miembros, podrá tomar la iniciativa de invitar a la Comisión Europea, en el marco de sus atribuciones, a que presente una propuesta adecuada sobre cuestiones que estos ciudadanos estimen que requieren un acto jurídico de la Unión para los fines de la aplicación de los Tratados.

b) Un grupo de al menos un millón de ciudadanos de la Unión, que sean nacionales de un número significativo de Estados miembros, podrá tomar la iniciativa de invitar al Parlamento, en el marco de sus atribuciones, a que presente una propuesta adecuada sobre cuestiones que estos ciudadanos estimen que requieren un acto jurídico de la Unión para los fines de la aplicación de los Tratados.

c) Un grupo de al menos un millón de ciudadanos de la Unión, que sean nacionales de una cuarta parte de Estados miembros, podrá tomar la iniciativa de invitar a la Comisión Europea, en el marco de sus atribuciones, a que presente una propuesta adecuada sobre cuestiones que estos ciudadanos estimen que requieren un acto jurídico de la Unión para los fines de la aplicación de los Tratados.

d) Todas las respuestas son falsas.

3. Los Tratados podrán modificarse con arreglo a un procedimiento de revisión:

a) Ordinario.
b) Ordinario y simplificado.
c) Ordinario y abreviado.
d) Ordinario, simplificado y cualificado.

4. Respecto de las Directivas:

a) En principio no tienen efecto directo, y para que lo tengan tiene que existir un pronunciamiento del Tribunal de Justicia.
b) Una Directiva puede tener efecto directo, si ha pasado el plazo para trasponerla o se ha hecho incorrectamente, cumpliendo otra serie de requisitos.
c) El efecto directo vertical de las directivas puede ser invocado por los particulares y por los Estados.
d) En el efecto directo horizontal de las directivas el TJUE ha establecido que la Directiva no transpuesta, puede por sí misma crear obligaciones en los particulares.

5. Tendrá un alcance general, será obligatorio en todos sus elementos y directamente aplicable en cada Estado miembro:

a) El Reglamento.
b) La Directiva.
c) Las Decisiones.
d) Todas son verdaderas.

6. Son normas de resultado y un instrumento para armonizar las legislaciones de los Estados miembros:

a) El Reglamento.
b) La Directiva.
c) Las Decisiones.
d) Todas son verdaderas.

7. En España corresponderá transponer la Directiva:

a) Al Estado o a las Comunidades Autónomas de acuerdo con sus competencias, aunque el responsable del cumplimiento ante la CE será el Estado Español.
b) Al Estado.
c) A las Comunidades Autónomas.
d) Al Estado, Comunidades Autónomas y Entidades Locales.

8. Señala la respuesta correcta:

a) La Decisión será obligatoria en todos sus elementos para todos sus destinatarios.
b) La Decisión tiene carácter limitado, puesto que aunque es obligatoria, no suele tener carácter general sino que va dirigida a destinatarios concretos.

c) La Decisión tiene destinatarios determinados, con la particularidad de que estos no son necesariamente Estados, sino que también pueden serlo los particulares.
d) Todas son verdaderas.

9. Las Recomendaciones y los Dictámenes:

a) Serán vinculantes.
b) No serán vinculantes.
c) Las Recomendaciones serán vinculantes y los Dictámenes nunca.
d) Las Recomendaciones nunca serán vinculantes y los Dictámenes serán vinculantes.

10. Será un acto atípico:

a) Las Recomendaciones y Dictámenes.
b) La costumbre.
c) El Reglamento.
d) Las Recomendaciones y la costumbre.

En MADTEST tienes **más preguntas de este tema**, y todos tus avances quedan registrados y se reflejan en el ranking.

¡Supera tus límites con MADTEST!

Solución al test n.º 4

1. a) Un grupo de Estados miembros o del Parlamento Europeo, por recomendación del Banco Central Europeo o a petición del Tribunal de Justicia o del Banco Europeo de Inversiones.

2. c) Un grupo de al menos un millón de ciudadanos de la Unión, que sean nacionales de una cuarta parte de Estados miembros, podrá tomar la iniciativa de invitar a la Comisión Europea, en el marco de sus atribuciones, a que presente una propuesta adecuada sobre cuestiones que estos ciudadanos estimen que requieren un acto jurídico de la Unión para los fines de la aplicación de los Tratados.

3. b) Ordinario y simplificado.

4. b) Una Directiva puede tener efecto directo, si ha pasado el plazo para trasponerla o se ha hecho incorrectamente, cumpliendo otra serie de requisitos.

5. a) El Reglamento.

6. b) La Directiva.

7. a) Al Estado o a las Comunidades Autónomas de acuerdo con sus competencias, aunque el responsable del cumplimiento ante la CE será el Estado Español.

8. d) Todas son verdaderas.

9. b) No serán vinculantes.

10. b) La costumbre.

TEST N.º 5

El presupuesto comunitario. Los fondos europeos. La cohesión económica y social

1. Cada institución, excepto el Banco Central Europeo, elaborará un estado de previsiones de sus gastos para el ejercicio presupuestario siguiente:

a) Antes del 1 de junio.
b) Antes del 1 de julio.
c) Antes del 1 de septiembre.
d) Antes del 1 de marzo.

2. La Comisión presentará al Parlamento Europeo y al Consejo una propuesta que contenga el proyecto de presupuesto, a más tardar el:

a) El 1 de junio del año que preceda al de su ejecución.
b) El 1 de julio del año que preceda al de su ejecución.
c) El 31 de septiembre del año que preceda al de su ejecución.
d) El 1 de septiembre del año que preceda al de su ejecución.

3. El Consejo adoptará su posición sobre el proyecto de presupuesto y la transmitirá al Parlamento Europeo, a más tardar:

a) El 1 de octubre del año que precede al de la ejecución del presupuesto.
b) El 5 de septiembre del año que preceda al de su ejecución.
c) El 5 de octubre del año que preceda al de su ejecución.
d) El 31 de octubre del año que preceda al de su ejecución.

4. Si, al iniciarse un ejercicio presupuestario, aún no se ha adoptado definitivamente el presupuesto:

a) Los gastos podrán efectuarse mensualmente por capítulos, dentro del límite de la doceava parte de los créditos consignados en el capítulo correspondiente del presupuesto del ejercicio precedente, sin que pueda superarse la doceava parte de los créditos previstos para el mismo capítulo en el proyecto de presupuesto.
b) Los presupuestos se prorrogarán automáticamente.

c) Los gastos podrán efectuarse mensualmente por capítulos o por otra subdivisión, según lo dispuesto en el reglamento, dentro del límite de la quinceava parte de los créditos consignados en el presupuesto del ejercicio precedente, sin que esta medida pueda tener por efecto poner a disposición de la Comisión créditos superiores a la doceava parte de los previstos en el proyecto de presupuesto, en curso de elaboración.

d) Todas son falsas.

5. Señala la afirmación correcta:

a) El Parlamento Europeo, por recomendación del Consejo, aprobará la gestión de la Comisión en la ejecución del presupuesto.

b) El Parlamento Europeo, por recomendación del Consejo, que decidirá por mayoría absoluta, aprobará la gestión de la Comisión en la ejecución del presupuesto.

c) El Consejo aprobará la gestión de la Comisión en la ejecución del presupuesto.

d) El Parlamento Europeo y el Consejo, por mayoría cualificada, aprobarán la gestión de la Comisión en la ejecución del presupuesto.

6. Las normas financieras por las que se determinarán, en particular, las modalidades de establecimiento y ejecución del presupuesto, así como las referentes a la rendición y censura de cuentas se adoptarán por:

a) El Parlamento Europeo y el Consejo adoptarán mediante reglamentos, con arreglo al procedimiento legislativo ordinario y tras consultar al Tribunal de Cuentas.

b) El Parlamento, por unanimidad, a propuesta de la Comisión, previa consulta al Consejo y previo dictamen del Tribunal de Cuentas.

c) La Comisión, por unanimidad, a propuesta del Consejo, previa consulta al Parlamento Europeo y previo dictamen del Tribunal de Cuentas.

d) El Consejo mediante reglamento, por unanimidad, a propuesta del Parlamento Europeo y previo dictamen del Tribunal de Cuentas.

7. El presupuesto de la Unión Europea deberá respetar, en su elaboración y ejecución, los principios de:

a) Unidad, veracidad presupuestaria, anualidad, equilibrio, eficiencia, unidad de cuenta, universalidad, especialidad, buena gestión financiera y transparencia.

b) Unidad, veracidad presupuestaria, simplicidad anualidad, equilibrio, unidad de cuenta, universalidad, especialidad, buena gestión financiera y transparencia.

c) Unidad, veracidad presupuestaria, anualidad, estabilidad presupuestaria, equilibrio, unidad de cuenta, universalidad, especialidad, buena gestión financiera y transparencia.

d) Unidad, veracidad presupuestaria, anualidad, equilibrio, unidad de cuenta, universalidad, especialidad, buena gestión financiera y transparencia.

8. El principio presupuestario en base al cual tanto el presupuesto como el marco financiero plurianual se elaborarán, ejecutarán y contabilizarán en euros se denomina:

a) Unidad de caja.

b) Unidad de cuenta.

c) Equilibrio.
d) Contabilidad presupuestaria.

9. Señala la respuesta verdadera respecto a la ejecución del presupuesto:

a) El Consejo, bajo su propia responsabilidad y dentro del límite de los créditos autorizados, ejecutará el presupuesto en cooperación con los Estados miembros de conformidad con las disposiciones de los reglamentos.
b) La Comisión, bajo su propia responsabilidad y dentro del límite de los créditos autorizados, ejecutará el presupuesto en cooperación con los Estados miembros de conformidad con las disposiciones de los reglamentos de desarrollo.
c) La Comisión y el Consejo conjuntamente, bajo su propia responsabilidad y dentro del límite de los créditos autorizados, ejecutará el presupuesto en cooperación con los Estados miembros de conformidad con las disposiciones de los reglamentos.
d) Todas son falsas.

10. Señala la respuesta verdadera:

a) El Parlamento y el Consejo Europeo establecerán el presupuesto anual de la Unión.
b) El Parlamento Europeo y la Comisión establecerán el presupuesto anual de la Unión.
c) El Parlamento Europeo y el Consejo establecerán el presupuesto anual de la Unión.
d) Todas son falsas.

En MADTEST tienes **más preguntas de este tema**, y todos tus avances quedan registrados y se reflejan en el ranking.

¡Supera tus límites con MADTEST!

Solución al test n.º 5

1. b) Antes del 1 de julio.

2. d) El 1 de septiembre del año que preceda al de su ejecución.

3. a) El 1 de octubre del año que precede al de la ejecución del presupuesto.

4. a) Los gastos podrán efectuarse mensualmente por capítulos, dentro del límite de la doceava parte de los créditos consignados en el capítulo correspondiente del presupuesto del ejercicio precedente, sin que pueda superarse la doceava parte de los créditos previstos para el mismo capítulo en el proyecto de presupuesto.

5. a) El Parlamento Europeo, por recomendación del Consejo, aprobará la gestión de la Comisión en la ejecución del presupuesto.

6. a) El Parlamento Europeo y el Consejo adoptarán mediante reglamentos, con arreglo al procedimiento legislativo ordinario y tras consultar al Tribunal de Cuentas

7. d) Unidad, veracidad presupuestaria, anualidad, equilibrio, unidad de cuenta, universalidad, especialidad, buena gestión financiera y transparencia.

8. b) Unidad de cuenta.

9. b) La Comisión, bajo su propia responsabilidad y dentro del límite de los créditos autorizados, ejecutará el presupuesto en cooperación con los Estados miembros de conformidad con las disposiciones de los reglamentos.

10. c) El Parlamento Europeo y el Consejo establecerán el presupuesto anual de la Unión.

TEST N.º 6

Políticas de la Unión Europea: mercado interior. Política económica y monetaria. Política exterior y de seguridad común. El espacio de seguridad, libertad y justicia. Defensa de la competencia. Política agrícola y pesquera

1. La Unión se basará en una unión aduanera, que abarcará la totalidad de los intercambios de mercancías y que implicará:

a) La prohibición, entre los Estados miembros, de los derechos de aduana de importación y exportación y de cualesquiera exacciones de efecto equivalente.
b) La adopción de un arancel aduanero común en sus relaciones con terceros países.
c) La prohibición de un arancel común en sus relaciones con terceros países.
d) Las respuestas a) y b) son verdaderas.

2. Los derechos del arancel aduanero común serán fijados por:

a) El Consejo, a propuesta de la Comisión.
b) La Comisión.
c) El Consejo.
d) La Comisión y el Consejo.

3. La libre circulación de personas conlleva:

a) La libertad de desplazamiento y residencia.
b) La libre circulación de trabajadores.
c) La libertad de establecimiento.
d) Todas son verdaderas.

4. Sin perjuicio de las limitaciones justificadas por razones de orden público, seguridad y salud públicas, la libre circulación de los trabajadores implicará el derecho:

a) De responder a ofertas efectivas de trabajo.
b) De desplazarse libremente para este fin en el territorio de los Estados miembros.

c) De residir en uno de los Estados miembros con objeto de ejercer en él un empleo, de conformidad con las disposiciones legales, reglamentarias y administrativas aplicables al empleo de los trabajadores nacionales.

d) Todas son verdaderas.

5. Quedarán prohibidas las restricciones a la libertad de establecimiento de los nacionales de un Estado miembro en el territorio de otro Estado miembro. Dicha prohibición se extenderá igualmente a las restricciones relativas a:

a) La apertura de agencias.

b) Sucursales por los nacionales de un Estado miembro establecidos en el territorio de otro Estado miembro.

c) Filiales por los nacionales de un Estado miembro establecidos en el territorio de otro Estado miembro.

d) Todas son verdaderas.

6. Dentro de la libertad de circulación de los servicios, los servicios comprenderán, en particular:

a) Actividades de carácter industrial, actividades de carácter mercantil, actividades artesanales y actividades propias de las profesiones liberales.

b) Actividades de carácter industrial, actividades artesanales y actividades propias de las profesiones liberales.

c) Actividades de carácter industrial, actividades de carácter mercantil y actividades propias de las profesiones liberales.

d) Actividades de carácter mercantil, actividades artesanales y actividades propias de las profesiones liberales.

7. ¿Cuál de las siguientes no es una política común?

a) Comercio.

b) Agricultura y pesca.

c) Transportes.

d) Todas son políticas comunes.

8. Cuando se compruebe que la política económica de un Estado miembro contradice las orientaciones generales o supone un riesgo para el correcto funcionamiento de la unión económica y monetaria:

a) El Consejo, por recomendación de la Comisión, podrá dirigir las recomendaciones necesarias al Estado miembro de que se trate.

b) La Comisión podrá dirigir una advertencia a dicho Estado miembro.

c) El Consejo Europeo podrá proponer las sanciones que vengan recogidas en los Tratados.

d) Las respuestas a) y b) son verdaderas.

9. Queda prohibida la autorización de descubiertos o la concesión de cualquier otro tipo de créditos por el Banco Central Europeo y por los bancos centrales de los Estados miembros, denominados en lo sucesivo bancos centrales nacionales, a favor:

a) De instituciones, órganos u organismos de la Unión.

b) Gobiernos centrales, autoridades regionales o locales u otras autoridades públicas, organismos de Derecho público o empresas públicas de los Estados miembros.

c) Así como la adquisición directa a los mismos de instrumentos de deuda por el Banco Central Europeo o los bancos centrales nacionales.

d) Todas son verdaderas.

10. La Comisión supervisará la evolución de la situación presupuestaria y del nivel de endeudamiento público de los Estados miembros con el fin de detectar errores manifiestos. En particular, examinará la observancia de la disciplina presupuestaria atendiendo a los criterios siguientes:

a) Si la proporción entre el déficit público previsto o real y el producto interior bruto sobrepasa un valor de referencia.

b) Si la proporción entre la deuda pública y el producto interior bruto rebasa un valor de referencia, a menos que la proporción disminuya suficientemente y se aproxime a un ritmo satisfactorio al valor de referencia.

c) Si la proporción entre el déficit público previsto o real y el producto interior bruto sobrepasa en la mitad valor de referencia.

d) Las respuestas a) y b) son verdaderas.

En MADTEST tienes **más preguntas de este tema**, y todos tus avances quedan registrados y se reflejan en el ranking.

¡Supera tus límites con MADTEST!

Solución al test n.º 6

1. d) Las respuestas a) y b) son verdaderas.

2. a) El Consejo, a propuesta de la Comisión.

3. d) Todas son verdaderas.

4. d) Todas son verdaderas.

5. d) Todas son verdaderas.

6. a) Actividades de carácter industrial, actividades de carácter mercantil, actividades artesanales y actividades propias de las profesiones liberales.

7. d) Todas son políticas comunes.

8. a) El Consejo, por recomendación de la Comisión, podrá dirigir las recomendaciones necesarias al Estado miembro de que se trate.

9. d) Todas son verdaderas.

10. d) Las respuestas a) y b) son verdaderas.

III. Políticas Públicas

TEST N.º 1

Políticas de modernización de la Administración General del Estado. La Administración electrónica. Acceso electrónico de los ciudadanos a los servicios públicos. La Agenda Digital para España. La calidad de los servicios públicos y de atención al ciudadano. Mejora Regulatoria y Análisis de Impacto Normativo

1. Se define como "dirección electrónica disponible para los ciudadanos a través de redes de telecomunicaciones cuya titularidad, gestión y administración corresponde a una Administración Pública, órgano o entidad administrativa en el ejercicio de sus competencias":

a) Sede electrónica.
b) Administración electrónica.
c) Página web de una Administración Pública.
d) Estándar abierto.

2. La sede electrónica a través de la cual se facilita el acceso a los servicios y procedimientos de las distintas sedes electrónicas de la Administración Pública correspondiente, se conoce en la LPACAP como:

a) Punto general de acceso.
b) Oficina virtual de referencia.
c) Registro general electrónico.
d) Portal-sede.

3. En relación al tipo de comunicación de interesado con la Administración, no es cierto que:

a) Las personas físicas puedan elegir en todo momento si se comunican con las Administraciones Públicas para el ejercicio de sus derechos y obligaciones a través de medios electrónicos o no, salvo que estén obligadas a relacionarse a través de medios electrónicos con las Administraciones Públicas.
b) Las Administraciones puedan establecer la obligación de relacionarse con ellas a través de medios electrónicos para determinados procedimientos y para ciertos colectivos de personas físicas.

c) Las personas jurídicas estén obligadas a relacionarse a través de medios electrónicos con las Administraciones Públicas para la realización de cualquier trámite de un procedimiento administrativo.

d) El medio elegido por la persona para comunicarse con las Administraciones Públicas no puede ser modificado a lo largo del procedimiento.

4. No están obligados a relacionarse a través de medios electrónicos con las Administraciones Públicas para la realización de cualquier trámite de un procedimiento administrativo:

a) Las entidades sin personalidad jurídica.

b) Todo aquel que ostente la representación de un interesado.

c) Quienes ejerzan una actividad profesional para la que se requiera colegiación obligatoria, para los trámites y actuaciones que realicen con las Administraciones Públicas en ejercicio de dicha actividad profesional.

d) Las personas jurídicas.

5. El proceso tecnológico que permite convertir un documento en soporte papel o en otro soporte no electrónico en un fichero electrónico que contiene la imagen codificada, fiel e íntegra del documento, se conoce en la LPACAP como:

a) Automatización.

b) Fotocopiado.

c) Autenticación.

d) Digitalización.

6. ¿Qué calendario de días inhábiles se aplicará en los registros electrónicos a efectos del cómputo de plazos?

a) El que se publique al efecto en el Boletín Oficial del Estado para todos los registros.

b) El que se publique al efecto en el boletín oficial de la Comunidad Autónoma para todos los registros ubicados en ella.

c) El que determine la sede electrónica del registro de cada Administración Pública u Organismo.

d) El que determine la sede electrónica del ayuntamiento en cuyo municipio se ubique el registro.

7. A efectos del cómputo de plazo fijado en días hábiles o naturales, y en lo que se refiere a cumplimiento de plazos por los interesados, la presentación en un registro electrónico de una solicitud en un día inhábil:

a) Se entenderá efectuada en ese mismo momento, puesto que el registro electrónico no tiene días inhábiles.

b) Se entenderá realizada en la primera hora del primer día hábil siguiente, salvo que una norma permita expresamente la recepción en día inhábil.

c) Se entenderá realizada en la misma hora que se ha efectuado, pero del primer día hábil siguiente.

d) No tiene validez.

8. Cuando los interesados se correspondan con colectivos de personas físicas que por razón de su capacidad económica o técnica, dedicación profesional u otros motivos acreditados tengan garantizado el acceso y disponibilidad de los medios tecnológicos precisos:

a) Estarán obligados a utilizar siempre medios electrónicos para comunicarse con la Administración.

b) Podrán elegir el medio con el que comunicarse con la Administración.

c) Las Administraciones Públicas podrán establecer reglamentariamente la obligatoriedad de comunicarse con ellas utilizando sólo medios electrónicos.

d) Tendrán las mismas obligaciones que cualquier persona física en su relación con la Administración.

9. El acceso por el interesado, debidamente identificado, al contenido de la actuación administrativa correspondiente a través de la sede electrónica del órgano u organismo público actuante:

a) Es una manera válida de notificar, por comparecencia electrónica.

b) No es un medio de notificación autorizado reglamentariamente.

c) Tendrá efectos de notificación si el interesado manifiesta expresamente su consentimiento.

d) Siempre se entenderá como practicada la notificación, aunque no quede constancia de dicho acceso.

10. Para que la comparecencia electrónica del interesado produzca los efectos de notificación, se requerirá que:

a) Una vez producido el acceso a la notificación visualice un aviso del carácter de notificación de la actuación administrativa que tendrá dicho acceso.

b) El interesado firme electrónicamente y previamente su consentimiento.

c) El sistema de información correspondiente deje constancia de dicho acceso con indicación de fecha y hora.

d) La comparecencia electrónica no es forma de practicar una notificación.

En MADTEST tienes **más preguntas de este tema**, y todos tus avances quedan registrados y se reflejan en el ranking.

¡Supera tus límites con MADTEST!

Solución al test n.º 1

1. a) Sede electrónica.

2. a) Punto general de acceso.

3. d) El medio elegido por la persona para comunicarse con las Administraciones Públicas no puede ser modificado a lo largo del procedimiento.

4. b) Todo aquel que ostente la representación de un interesado.

5. d) Digitalización.

6. c) El que determine la sede electrónica del registro de cada Administración Pública u Organismo.

7. b) Se entenderá realizada en la primera hora del primer día hábil siguiente, salvo que una norma permita expresamente la recepción en día inhábil.

8. c) Las Administraciones Públicas podrán establecer reglamentariamente la obligatoriedad de comunicarse con ellas utilizando sólo medios electrónicos.

9. a) Es una manera válida de notificar, por comparecencia electrónica.

10. c) El sistema de información correspondiente deje constancia de dicho acceso con indicación de fecha y hora.

**Política económica actual. Política presupuestaria.
Evolución y distribución actual del gasto público. Política fiscal.
La unidad de mercado**

1. En España, y durante el período 1996-2007, se produjo un incremento del Producto Interior Bruto real y del PIB per cápita en paridad de poder adquisitivo tomando como la base de la comparación el PIB per cápita de la Unión Europea. En relación con estos indicadores económicos indique cuál de las siguientes afirmaciones es correcta:

a) La tasa media de crecimiento anual del PIB real en porcentaje de crecimiento sobre el año anterior fue del 3,7 %. El PIB per cápita en paridad de poder adquisitivo pasó del 92 en 1996 al 105 en 2007.

b) La tasa media de crecimiento anual del PIB real en porcentaje de crecimiento sobre el año anterior fue del 2 %. El PIB per cápita en paridad de poder adquisitivo pasó del 85 en 1996 al 95 en 2007.

c) La tasa media de crecimiento anual del PIB real en porcentaje de crecimiento sobre el año anterior fue del 5 %. El PIB per cápita en paridad de poder adquisitivo pasó del 120 en 1996 al 140 en 2007.

d) La tasa media de crecimiento anual del PIB real en porcentaje de crecimiento sobre el año anterior fue del -1 %. El PIB per cápita en paridad de poder adquisitivo pasó del 92 en 1996 al 80 en 2007.

2. El Índice de Desarrollo Humano es un indicador creado por el Programa de las Naciones Unidas para el Desarrollo con el fin de determinar el nivel de desarrollo que tienen los países del mundo. Este índice tiene en cuenta tres variables:

a) La tasa de desempleo, la distribución de la renta y el grado de avance del estado de bienestar.

b) La esperanza de vida al nacer, la educación y el PIB per cápita.

c) La esperanza de vida al nacer, el índice de felicidad interna bruta y el nivel de desigualdad en la distribución de la renta.

d) La esperanza de vida al nacer, la tasa de desempleo y el gasto sanitario per cápita.

3. ¿Cómo ha evolucionado el ratio de distribución de la renta por quintiles en España en los períodos 1996-2007 y 2008-2014?

a) El ratio entre el porcentaje sobre la renta total percibida por el 20 % de la población con mayor renta en relación con el percibido por el 20 % con menor renta pasó de 6 en 1996 a 2,3 en 2007. En el período de 1998 a 2007 la desigualdad se incrementa pues este indicador crece hasta alcanzar el 4,5 en 2014.

b) El ratio entre el porcentaje sobre la renta total percibida por el 20 % de la población con mayor renta en relación con el percibido por el 20 % con menor renta pasó de 4 en 1996 a 6 en 2007. En el período de 1998 a 2007 la desigualdad sigue incrementándose pues este indicador crece hasta alcanzar el 7 en 2014.

c) El ratio entre el porcentaje sobre la renta total percibida por el 20 % de la población con mayor renta en relación con el percibido por el 20 % con menor renta pasó de 8,3 en 1996 a 5,4 en 2007. En el período de 1998 a 2007 la desigualdad sigue disminuyendo pues este indicador se coloca en el 3,5 en 2014.

d) El ratio entre el porcentaje sobre la renta total percibida por el 20 % de la población con mayor renta en relación con el percibido por el 20 % con menor renta pasó de 6 en 1996 a 5,3 en 2007. En el período de 1998 a 2007 la desigualdad se incrementa pues este indicador crece hasta alcanzar el 6,8 en 2014.

4. El 17 de junio de 1997 se suscribe la Resolución sobre el Pacto de Estabilidad y Crecimiento en el Consejo Europeo de Ámsterdam. ¿Cómo se define el Pacto de Estabilidad y Crecimiento?

a) El Pacto de Estabilidad y Crecimiento es el acuerdo que suscriben todos los Bancos Centrales Europeos al integrarse en el Sistema Europeo de Bancos Centrales por el que todos ellos se comprometen a mantener una tasa de inflación inferior al 2 %, pero cercana a ese valor.

b) El Pacto de Estabilidad y Crecimiento es un conjunto de normas que establecen una supervisión económica y presupuestaria en el ámbito europeo con el objetivo de garantizar la estabilidad económica y financiera de la Unión Europea. Al suscribir este pacto los Estados miembros se comprometen a cumplir el objetivo presupuestario a medio plazo de alcanzar una situación de proximidad al equilibrio o superávit.

c) El Pacto de Estabilidad y Crecimiento es un conjunto de normas en el ámbito europeo con el objetivo de garantizar la estabilidad económica y financiera de la Unión Europea. Al suscribir este pacto los Estados miembros se comprometen a mantener un crecimiento del PIB del 3 % y una tasa de inflación inferior al 2 %.

d) El Pacto de Estabilidad y Crecimiento es un conjunto de normas en el ámbito europeo con el objetivo de garantizar la estabilidad económica y financiera de la Unión Europea. Al suscribir este pacto los Estados miembros se comprometen a mantener un crecimiento del PIB del 3 % y una tasa de desempleo inferior al 8 % de la población activa.

5. ¿Cuál fue el déficit de la balanza por cuenta corriente en porcentaje del PIB de España en el año 2007?

a) En el año 2007, el déficit de la balanza por cuenta corriente fue del 10,1 % en porcentaje del PIB.

b) En el año 2007, España alcanza un superávit por cuenta corriente por primera vez en muchos años, del 0,8 % del PIB, como colofón a una etapa muy larga de crecimiento económico.

c) En el año 2007, el déficit de la balanza por cuenta corriente fue del 5 % en porcentaje del PIB.

d) En el año 2007, el déficit de la balanza por cuenta corriente fue del 1 % en porcentaje del PIB.

6. En relación con España y el período 2014-2017, ¿cómo evoluciona la tasa de endeudamiento del Estado (en % del producto interior bruto)?

a) Del 99,3 en 2014 al 100,2 en 2017.
b) Del 100,2 en 2014 al 99,3 en 2017.
c) Del 60,3 en 2014 al 200,2 en 2017.
d) No evoluciona la tasa de endeudamiento en ese periodo.

7. De nuevo refiriéndonos a nuestro país, ¿qué nivel de tasa de paro (% de la población activa) se alcanza en el 2016?

a) El 18 %.
b) El 19, 4%.
c) El 22,1 %.
d) El 24,4 %.

8. España debe mantener activa en 2022 la cláusula prevista en nuestro ordenamiento jurídico que permite una suspensión temporal de las reglas fiscales, tal y como ya se hizo en 2021, y así lo ha aprobado el Pleno del Congreso de los Diputados el pasado 13 de septiembre, conforme a:

a) Los artículos 135.4 de la Ley Orgánica 12/2012, de Estabilidad Presupuestaria y Sostenibilidad Financiera y 11.3 de la Constitución Española.

b) Los artículos 135.4 de la Constitución Española y 11.3 de la Ley Orgánica 12/2012, de Estabilidad Presupuestaria y Sostenibilidad Financiera.

c) Los artículos 134.5 de la Ley Orgánica 12/2012, de Estabilidad Presupuestaria y Sostenibilidad Financiera y 13.1 de la Constitución Española.

d) Los artículos 139 de la Constitución Española y 13.1 de la Ley Orgánica 12/2012, de Estabilidad Presupuestaria y Sostenibilidad Financiera.

9. La activación de la cláusula de salvaguarda del Pacto de Estabilidad y Crecimiento en marzo de 2020, permite una desviación temporal respecto de la trayectoria de ajuste hacia el objetivo presupuestario a medio plazo de cada Estado miembro, siempre que dicha desviación no ponga en peligro la sostenibilidad presupuestaria. En consecuencia, siguiendo la línea de actuación que mantiene la Unión Europea, España debe mantener activa en 2022 la cláusula prevista en nuestro ordenamiento jurídico que permite:

a) Una suspensión temporal de las reglas fiscales.
b) Una mayor presión fiscal sobre las rentas empresariales.
c) Una mayor presión fiscal sobre las rentas de mayores ingresos.
d) Un reparto más equilibrado de la presión fiscal,

10. De acuerdo a las orientaciones de política presupuestaria comunicadas por la Comisión Europea, la política presupuestaria de Españaccontinua apoyando la recuperación económica, evitando una retirada antes de tiempo de los estímulos introducidos, a la vez que haciendo uso de manera plena y eficaz de la financiación proveniente de Europa del Plan de Recuperación, Transformación y Resiliencia (PRTR). El compromiso con la sostenibilidad presupuestaria se refuerza de manera directa a través de los componentes 27, 28 y 29 del PRTR, directamente orientados a fortalecer el esquema de ingresos y gastos públicos, con el fin de:

a) Garantizar la estabilidad presupuestaria y la sostenibilidad de las cuentas públicas en el corto plazo.

b) Garantizar la estabilidad presupuestaria y la sostenibilidad de las cuentas públicas en el corto y medio plazo.

c) Garantizar la estabilidad presupuestaria y la sostenibilidad de las cuentas públicas en el medio y largo plazo.

d) Garantizar la estabilidad presupuestaria y la sostenibilidad de las cuentas públicas en el largo plazo.

En MADTEST tienes **más preguntas de este tema,** y todos tus avances quedan registrados y se reflejan en el ranking.

¡Supera tus límites con MADTEST!

Solución al test n.º 2

1. a) La tasa media de crecimiento anual del PIB real en porcentaje de crecimiento sobre el año anterior fue del 3,7 %. El PIB per cápita en paridad de poder adquisitivo pasó del 92 en 1996 al 105 en 2007.

2. b) La esperanza de vida al nacer, la educación y el PIB per cápita.

3. d) El ratio entre el porcentaje sobre la renta total percibida por el 20 % de la población con mayor renta en relación con el percibido por el 20 % con menor renta pasó de 6 en 1996 a 5,3 en 2007. En el período de 1998 a 2007 la desigualdad se incrementa pues este indicador crece hasta alcanzar el 6,8 en 2014.

4. b) El Pacto de Estabilidad y Crecimiento es un conjunto de normas que establecen una supervisión económica y presupuestaria en el ámbito europeo con el objetivo de garantizar la estabilidad económica y financiera de la Unión Europea. Al suscribir este pacto los Estados miembros se comprometen a cumplir el objetivo presupuestario a medio plazo de alcanzar una situación de proximidad al equilibrio o superávit.

5. a) En el año 2007, el déficit de la balanza por cuenta corriente fue del 10,1 % en porcentaje del PIB.

6. a) Del 99,3 en 2014 al 100,2 en 2017.

7. b) El 19,4 %.

8. b) Los artículos 135.4 de la Constitución Española y 11.3 de la Ley Orgánica 12/2012, de Estabilidad Presupuestaria y Sostenibilidad Financiera.

9. a) Una suspensión temporal de las reglas fiscales.

10. c) Garantizar la estabilidad presupuestaria y la sostenibilidad de las cuentas públicas en el medio y largo plazo.

TEST N.º 3

Política ambiental. Distribución de competencias. Conservación de la biodiversidad. Prevención de la contaminación y el cambio climático

1. El principio de "sustitución" en la política ambiental supone:

a) Reemplazar políticas no respetuosas.
b) Reemplazar la legislación no acorde con la protección.
c) Reemplazar instalaciones no respetuosas con el medio ambiente.
d) Reemplazar sustancias contaminantes.

2. Para la consecución de las políticas ambientales, una "tasa para la recogida de basuras" es un instrumento:

a) Social.
b) Económico.
c) Técnico.
d) Político.

3. El Centro Nacional de Educación Ambiental forma parte de:

a) El Organismo Autónomo de Parques Nacionales.
b) La Subdirección General de Medio Natural.
c) La Dirección General de Calidad y Evaluación Ambiental y Medio Natural.
d) El Ministerio de Agricultura, Alimentación y Medio Ambiente.

4. Un taxón es:

a) Un grupo de organismos con características comunes.
b) Un grupo de especies con características similares.
c) Un grupo de individuos de una misma subespecie.
d) Ninguna respuesta es correcta.

5. La evaluación del número de personas expuestas al ruido se refleja:

a) En el plan de acción contra el ruido propuesto por el SICA.
b) En el Sistema Básico de información sobre contaminación acústica.

c) En la directiva 2002/49/CE sobre evaluación y gestión del ruido ambiental.
d) Ninguna respuesta es correcta.

6. La Subdirección General de Planificación Hidrológica pertenece a:

a) La Dirección General del Agua.
b) Las Confederaciones Hidrográficas.
c) La Oficina española del cambio climático.
d) Ninguna respuesta es cierta.

7. La Subdirección General de Política Forestal y Lucha contra la Desertificación está adscrita a:

a) La Subdirección General de Residuos.
b) La Subdirección General de Calidad del Aire y Medio Ambiente Industrial.
c) La Dirección General de Biodiversidad, Bosques y desertificación.
d) La Dirección General de Biodiversidad y Calidad Ambiental.

8. La Subdirección General de Mercados de carbono depende de:

a) La Oficina española del Cambio Climático.
b) La Dirección General de Coordinación de Acciones frente al Cambio Climático.
c) Las Confederaciones Hidrográficas.
d) Ninguna es correcta.

9. ¿A quién encomienda la Ley Orgánica 2/1986 de Fuerzas y Cuerpos de Seguridad del Estado velar por la conservación de la naturaleza y el medio ambiente?

a) A la Policía Nacional.
b) A la Guardia Civil.
c) A las Fuerzas y Cuerpos de Seguridad.
d) A las Fuerzas y Cuerpos de Seguridad del Estado.

10. Cuál de los siguientes organismos tiene entre sus funciones la de fomentar, sin perjuicio de las competencias de otros departamentos ministeriales, la inversión, las oportunidades de empleo, diversificación y desarrollo económico, con el objetivo de fortalecer el tejido socioeconómico en las zonas afectadas por la despoblación:

a) La Secretaría General para la Repoblación Rural.
b) La Secretaría General para el Reto Demográfico.
c) La Secretaría General para el Desarrollo del Mundo Rural.
d) Ninguna respuesta es correcta.

En MADTEST tienes **más preguntas de este tema,** y todos tus avances quedan registrados y se reflejan en el ranking.

¡Supera tus límites con MADTEST!

Solución al test n.º 3

1. d) Reemplazar sustancias contaminantes.

2. b) Económico.

3. a) El Organismo Autónomo de Parques Nacionales.

4. a) Un grupo de organismos con características comunes.

5. a) En el plan de acción contra el ruido propuesto por el SICA.

6. a) La Dirección General del Agua.

7. c) La Dirección General de Biodiversidad, bosques y desertificación.

8. a) La Oficina española del Cambio Climático.

9. b) A la Guardia Civil.

10. b) La Secretaría General para el Reto Demográfico.

La Seguridad Social: estructura y financiación. Problemas actuales y líneas de actuación. El régimen general y los regímenes especiales. La acción protectora de la Seguridad Social. Tipos y características de las prestaciones

1. A los efectos de las prestaciones en su modalidad contributiva, ¿quién queda comprendido en el campo de aplicación del sistema de la Seguridad Social?

a) Españoles y extranjeros residan o no en España.

b) Españoles que residan en territorio español y extranjeros que residan o se encuentren legalmente en España con independencia de la actividad que desarrollen.

c) Españoles que residan en España y extranjeros que residan o se encuentren en España siempre que en ambos supuestos ejerzan su actividad en territorio nacional y se trate de algunas de las actividades previstas en el articulo 7.1. TRLGSS.

d) Españoles que residan en territorio nacional.

2. Los Regímenes Especiales actualmente en vigor son:

a) Régimen Especial de Trabajadores por cuenta propia o autónomos (RETA).

b) RETA y Régimen Especial del Mar (REM).

c) RETA, REM, Régimen de la Minería del Carbón y Seguro Escolar.

d) Ninguna es correcta.

3. ¿Quién estará comprendido en el campo de aplicación del sistema de la Seguridad Social a efectos de las prestaciones en su modalidad no contributiva?

a) Los apátridas y extranjeros.

b) Españoles residentes en territorio nacional y extranjeros que residan legalmente en territorio español en los termines previstos por la ley.

c) Españoles no residentes en España.

d) Todas son correctas.

4. El nivel contributivo se financia fundamentalmente por:

a) Las cuotas satisfechas por empresarios y trabajadores.

b) Cuotas satisfechas por los trabajadores.

c) Impuesto.
d) Las cuotas satisfechas por los empresarios.

5. El nivel no contributivo es:

a) De ámbito profesional y naturaleza contributiva.
b) De ámbito profesional y naturaleza voluntaria.
c) De ámbito universal y naturaleza asistencial.
d) De ámbito universal y contratación libre.

6. ¿Cómo define la Ley General de la Seguridad Social el accidente de trabajo?

a) Como toda lesión corporal o mental que el trabajador sufra con ocasión o por consecuencia del trabajo que ejecute por cuenta ajena.
b) La contraída a consecuencia del trabajo ejecutado por cuenta ajena en las actividades que se especifiquen en el cuadro que se apruebe por las disposiciones de aplicación y desarrollo de esta ley, y que esté provocada por la acción de los elementos o sustancias que en dicho cuadro se indiquen.
c) Como toda lesión corporal que el trabajador sufra solo por consecuencia del trabajo que ejecute por cuenta ajena.
d) Como toda lesión corporal que el trabajador sufra con ocasión o por consecuencia del trabajo que ejecute por cuenta ajena.

7. ¿Cuándo se presumirá un accidente de trabajo de acuerdo con la Ley General de la Seguridad Social?

a) Siempre cuando el trabajador sufra una lesión durante el tiempo y en el lugar del trabajo.
b) Salvo prueba en contrario, cuando el trabajador sufra una lesión ya sea durante el tiempo y en el lugar del trabajo o no.
c) Salvo prueba en contrario, cuando el trabajador sufra una lesión durante el tiempo y en el lugar del trabajo.
d) Salvo prueba en contrario, cuando el trabajador sufra una lesión durante el tiempo y en el lugar del trabajo.

8. No impedirá la calificación de un accidente como de trabajo:

a) La imprudencia profesional que sea consecuencia del ejercicio habitual de un trabajo y se derive de la confianza que este inspira.
b) La concurrencia de culpabilidad civil o criminal del empresario, de un compañero de trabajo del accidentado o de un tercero, aunque no guarde relación alguna con el trabajo.
c) La imprudencia temeraria que sea consecuencia del ejercicio habitual de un trabajo y se derive de la confianza que este inspira.
d) La concurrencia de culpabilidad civil o criminal del empresario, de un compañero de trabajo del accidentado o de un tercero, salvo que no guarde relación alguna con el trabajo.

9. Según el artículo 205 de la LGSS y su disposición transitoria 7ª, ¿cuántos años debe tener el beneficiario para acceder al derecho a la pensión de jubilación contributiva para 2024?

a) 66 años y 7 meses de edad.
b) 67 años de edad.
c) 65 años de edad y 37 años cotizados.
d) 66 años y 6 meses de edad.

10. A los efectos del artículo 42 de la Ley General de la Seguridad Social, la acción protectora del sistema de la seguridad social comprenderá:

a) La asistencia sanitaria solo en los casos de maternidad y de enfermedad común.
b) Las prestaciones familiares de la Seguridad Social, para las modalidades contributiva.
c) La recuperación profesional, exclusivamente en los casos de accidente de trabajo.
d) La asistencia sanitaria en los casos de maternidad, de enfermedad común o profesional y de accidente, sea o no de trabajo.

En MADTEST tienes **más preguntas de este tema**, y todos tus avances quedan registrados y se reflejan en el ranking.

¡Supera tus límites con MADTEST!

Solución al test n.º 4

1. c) Españoles que residan en España y extranjeros que residan o se encuentren en España siempre que en ambos supuestos ejerzan su actividad en territorio nacional y se trate de algunas de las actividades previstas en el articulo 7.1. TRLGSS.

2. c) RETA, REM, Régimen de la Minería del Carbón y Seguro Escolar.

3. b) Españoles residentes en territorio nacional y extranjeros que residan legalmente en territorio español en los termines previstos por la ley.

4. a) Las cuotas satisfechas por empresarios y trabajadores.

5. c) De ámbito universal y naturaleza asistencial.

6. d) Como toda lesión corporal que el trabajador sufra con ocasión o por consecuencia del trabajo que ejecute por cuenta ajena.

7. d) Salvo prueba en contrario, cuando el trabajador sufra una lesión durante el tiempo y en el lugar del trabajo.

8. a) La imprudencia profesional que sea consecuencia del ejercicio habitual de un trabajo y se derive de la confianza que este inspira.

9. d) 66 años y 6 meses de edad.

10. d) La asistencia sanitaria en los casos de maternidad, de enfermedad común o profesional y de accidente, sea o no de trabajo.

La evolución del empleo en España. Los servicios públicos de empleo: régimen de prestaciones y políticas de empleo

1. ¿Con qué frecuencia, la Agencia Española de Empleo y los servicios autonómicos elevarán a la Conferencia Sectorial de Empleo y Asuntos Laborales una memoria sobre el gasto, incluido el necesario para la gestión del sistema, y los resultados de las políticas activas de empleo en el conjunto del Estado con el objetivo de otorgar mayor transparencia a las políticas de empleo, compartir buenas prácticas y mejorar la eficacia y eficiencia del gasto en consonancia con los objetivos fijados?

a) Cada cuatro años.
b) Cada dos años.
c) Anualmente.
d) Semestralmente.

2. Señala cuál de los siguientes no es uno de los instrumentos de planificación y coordinación de la política de empleo:

a) El Sistema Público Integrado de Información de los Servicios de Empleo.
b) La Estrategia Española de Apoyo Activo al Empleo.
c) El Plan Anual para el Fomento del Empleo Digno.
d) El Acuerdo Nacional de Empleo.

3. Señala una de las competencias de la Agencia Española de Empleo:

a) Planificar las actuaciones conjuntas de la Agencia Española de Empleo y los servicios públicos de empleo autonómicos en el desarrollo del Sistema Público Integrado de Información de los Servicios de Empleo.
b) Mantener las bases de datos generadas por los sistemas integrados de información del Sistema Nacional de Empleo y elaborar las estadísticas en materia de empleo, formación en el trabajo y protección por desempleo a nivel estatal.
c) Gestionar los servicios y programas financiados con cargo a la reserva de crédito establecida en su presupuesto de gastos.
d) Todas las respuestas son correctas.

4. ¿Cómo se denomina el órgano consultivo y de participación institucional en materia de Empleo?

a) Consejo General del Sistema Nacional de Empleo.
b) Comisión Nacional de Empleo.
c) Conferencia Sectorial de Empleo y Asuntos Laborales.
d) Comité Nacional de Políticas de Empleo.

5. A efectos del Sistema Nacional de Empleo, la intermediación en el mercado de trabajo se realizará a través de:

a) Las agencias de colocación.
b) Los servicios públicos de empleo.
c) Aquellos otros servicios que reglamentariamente se determinen para o con las personas trabajadoras en el exterior.
d) Todas las respuestas son correctas.

6. ¿Cómo se denomina a la investigación por muestreo, continua y de periodicidad trimestral, dirigida a las viviendas familiares, cuyo objetivo principal es obtener datos de la fuerza de trabajo y de sus diversas categorías (ocupados, parados), así como de la población ajena al mercado laboral (inactivos)?

a) Encuesta Activa Laboral (EAL).
b) Encuesta Directa Laboral (EDL).
c) Encuesta del Mercado de Trabajo (EMT).
d) Encuesta de Población Activa (EPA).

7. A efectos de la ley de Empleo se entenderá por persona joven a:

a) La persona demandante de los servicios de empleo menor de treinta años o beneficiaria del Sistema Nacional de Garantía Juvenil.
b) La persona demandante de los servicios de empleo menor de treinta y dos años o beneficiaria del Sistema Nacional de Garantía Juvenil.
c) La persona demandante de los servicios de empleo menor de treinta y tres años o beneficiaria del Sistema Nacional de Garantía Juvenil.
d) a) La persona demandante de los servicios de empleo menor de treinta y cinco años o beneficiaria del Sistema Nacional de Garantía Juvenil.

8. ¿A quién corresponde la gestión y control de las prestaciones por desempleo?

a) Al Gobierno, a través del Ministerio de Hacienda y Función Pública.
b) Al Gobierno, a través del Ministerio de Trabajo y Economía Social.
c) Al Gobierno, a través del Ministerio de Hacienda y Función Pública y a las Comunidades Autónomas por medio de sus Consejerías de Empleo.
d) Al Gobierno, a través del Ministerio de Trabajo y Economía Social y a las Comunidades Autónomas por medio de sus Consejerías de Empleo.

9. ¿A quién corresponde informar, con carácter previo a su aprobación y conforme a lo previsto en la Ley de Empleo, los instrumentos de planificación y coordinación de la política de empleo, así como, eventualmente, su modificación?

a) A la Agencia Española de Empleo.
b) Al Comité Nacional de Políticas de Empleo.
c) Al Consejo General del Sistema Nacional de Empleo.
d) A la Conferencia Sectorial de Empleo y Asuntos Laborales.

10. El Gobierno, a propuesta de quién, aprobará mediante real decreto la Estrategia Española de Apoyo Activo al Empleo:

a) Del Consejo de Ministros.
b) Del Ministerio de Trabajo y Economía Social.
c) Del Consejo General del Sistema Nacional de Empleo.
d) De la Conferencia Sectorial de Empleo y Asuntos Laborales.

En MADTEST tienes **más preguntas de este tema**, y todos tus avances quedan registrados y se reflejan en el ranking.

¡Supera tus límites con MADTEST!

Solución al test n.º 5

1. c) Anualmente.

2. d) El Acuerdo Nacional de Empleo.

3. d) Todas las respuestas son correctas.

4. a) Consejo General del Sistema Nacional de Empleo.

5. d) Todas las respuestas son correctas.

6. d) Encuesta de Población Activa (EPA).

7. a) La persona demandante de los servicios de empleo menor de treinta años o beneficiaria del Sistema Nacional de Garantía Juvenil.

8. b) Al Gobierno, a través del Ministerio de Trabajo y Economía Social.

9. c) Al Consejo General del Sistema Nacional de Empleo.

10. b) Del Ministerio de Trabajo y Economía Social.

TEST N.º 6

Política de inmigración. Régimen de los extranjeros en España. Derecho de asilo y condición de refugiado

1. La norma más importante en la actual regulación sobre extranjería en España tiene forma jurídica de:

a) Ley.
b) Decreto Ley.
c) Real Decreto.
d) Ley Orgánica.

2. Hasta la fecha, el número de regularizaciones extraordinarias de inmigrantes en situación irregular en España han sido:

a) Nueve.
b) Cuatro.
c) Seis.
d) Ocho.

3. La estancia en los centros de acogida a refugiados:

a) Está destinada a las personas solicitantes o beneficiarias de protección internacional y solicitantes o beneficiarias de la condición de apátrida en España que carezcan de medios económicos suficientes para atender a sus necesidades y a las de su familia.
b) Tiene una duración de un año prorrogable por otros seis meses.
c) Solo incluye manutención y alojamiento.
d) Es incompatible con cualquier subvención pública.

4. A los efectos del ordenamiento jurídico español, aquellas personas que, estando en territorio español, carecen de la nacionalidad española:

a) Son consideradas siempre extranjeras.
b) Son consideradas extranjeras solo si tienen intención de asentarse en territorio español.

c) Son consideradas extranjeras aunque hay excepciones a este principio general.

d) Son consideradas extranjeras a menos que tengan permiso de residencia y trabajo.

5. La protección subsidiaria:

a) Se reconoce a toda persona que, debido a fundados temores de ser perseguida por motivos de raza, religión, nacionalidad, opiniones políticas, pertenencia a determinado grupo social, de género u orientación sexual, se encuentra fuera del país de su nacionalidad y no puede o, a causa de dichos temores, no quiere acogerse a la protección de tal país.

b) Es la protección adicional que las CCAA otorgan a toda persona que, debido a fundados temores de ser perseguida por motivos de raza, religión, nacionalidad, opiniones políticas, pertenencia a determinado grupo social, de género u orientación sexual, se encuentra fuera del país de su nacionalidad y no puede o, a causa de dichos temores, no quiere acogerse a la protección de tal país.

c) Es la protección otorgada a las personas de otros países y a los apátridas que, sin reunir los requisitos para obtener el asilo o ser reconocidas como refugiadas, pero respecto de las cuales se den motivos fundados para creer que si regresasen a su país de origen en el caso de los nacionales o, al de su anterior residencia habitual en el caso de los apátridas, se enfrentarían a un riesgo real de sufrir alguno de los daños graves previstos.

d) Ninguna de las anteriores es correcta.

6. La protección internacional hace referencia:

a) Al amparo de la jurisdicción universal.

b) Tanto el derecho de asilo como la protección subsidiaria.

c) Al personal diplomático y de las organizaciones internacionales.

d) A un instrumento del control de las fronteras.

7. Constituyen los daños graves que dan lugar a la protección subsidiaria:

a) La condena a pena de muerte o el riesgo de su ejecución material.

b) La tortura y los tratos inhumanos o degradantes en el país de origen del solicitante.

c) Las amenazas graves contra la vida o la integridad de los civiles motivadas por una violencia indiscriminada en situaciones de conflicto internacional o interno.

d) Todas son correctas.

8. El desarrollo reglamentario de la Ley Orgánica sobre Derechos y Libertades de los Extranjeros en España y su integración social se realiza mediante:

a) Real Decreto 557/2011 de 20 de abril.

b) Real Decreto 1325/2003, de 24 de octubre.

c) Real Decreto 865/2001, de 20 de julio.

d) No tiene desarrollo reglamentario.

9. Las competencias en materia de extranjería son:

a) Compartidas entre el Estado central y las CCAA.
b) Compartidas entre el Estado central y algunas CCAA.
c) Exclusivas del Estado central.
d) Cedidas por el Estado central a las CCAA.

10. ¿Qué organismo está constituido de forma tripartita y equilibrada, por representantes de las Administraciones Públicas, de las asociaciones de inmigrantes y de otras organizaciones con interés e implantación en el ámbito migratorio, incluyendo entre ellas a las organizaciones sindicales y empresariales más representativas?

a) La Conferencia Sectorial de Inmigración y Emigración.
b) El Foro para la Integración Social de los Inmigrantes.
c) El Observatorio Español del Racismo y la Xenofobia.
d) La Comisión Laboral Tripartita de Inmigración.

En MADTEST tienes **más preguntas de este tema**, y todos tus avances quedan registrados y se reflejan en el ranking.

¡Supera tus límites con MADTEST!

Solución al test n.º 6

1. d) Ley Orgánica.

2. a) Nueve.

3. a) Está destinada a las personas solicitantes o beneficiarias de protección internacional y solicitantes o beneficiarias de la condición de apátrida en España que carezcan de medios económicos suficientes para atender a sus necesidades y a las de su familia.

4. c) Son consideradas extranjeras aunque hay excepciones a este principio general.

5. c) Es la protección otorgada a las personas de otros países y a los apátridas que, sin reunir los requisitos para obtener el asilo o ser reconocidas como refugiadas, pero respecto de las cuales se den motivos fundados para creer que si regresasen a su país de origen en el caso de los nacionales o, al de su anterior residencia habitual en el caso de los apátridas, se enfrentarían a un riesgo real de sufrir alguno de los daños graves previstos.

6. b) Tanto el derecho de asilo como la protección subsidiaria.

7. d) Todas son correctas.

8. a) Real Decreto 557/2011 de 20 de abril.

9. c) Exclusivas del Estado central.

10. b) El Foro para la Integración Social de los Inmigrantes.

TEST N.º 7

El Gobierno Abierto: concepto, principios informadores y planes de acción de España. La Ley 19/2013, de 9 de diciembre, de transparencia, acceso a la información pública y buen gobierno

1. ¿Desde qué año forma parte España de la Alianza para el Gobierno Abierto (*Open Government Partnership*)?

a) Desde 1997.
b) Desde 2003.
c) Desde 2007.
d) Desde 2011.

2. ¿Cuántas iniciativas del ámbito central contiene el V Plan de Gobierno Abierto?

a) 100.
b) 113.
c) 123.
d) 138.

3. Conforme a la Orden HFP/134/2018, de 15 de febrero, por la que se crea el Foro de Gobierno Abierto, ¿cuántos vocales tiene el Foro en representación de las Administraciones Públicas?

a) 8.
b) 16.
c) 32.
d) 64.

4. ¿Cuántos vocales tiene el Foro de Gobierno Abierto en representación de la Real Academia de las Ciencias Morales y Políticas?

a) 2.
b) 4.
c) 6.
d) 8.

5. Señala la respuesta incorrecta. Según el preámbulo de la Ley 19/2013, de 9 de diciembre, de transparencia, acceso a la información pública y buen gobierno, los 3 ejes fundamentales de toda acción política deben ser:

a) La transparencia.
b) La promoción de la administración electrónica.
c) El acceso a la información pública.
d) Las normas de buen gobierno.

6. Para poder formar parte de la Alianza para el Gobierno Abierto (OGP), los gobiernos deben desarrollar, en colaboración con la sociedad civil:

a) Una Agenda de Desarrollo Sostenible.
b) Un plan de acción.
c) Un Acuerdo de bases.
d) Una ley de transparencia.

7. ¿Cuántos compromisos contiene el IV Plan de Gobierno Abierto aprobado en España?

a) Cuatro.
b) Siete.
c) Diez.
d) Catorce.

8. ¿A cuál de los siguientes órganos corresponde el impulso, la coordinación y el seguimiento de los planes de acción de Gobierno Abierto de España, así como actuar como punto de contacto con organizaciones internacionales para asuntos relacionados con el Gobierno Abierto?

a) A la Dirección General de Gobernanza Pública.
b) Al Foro de Gobierno Abierto.
c) A la Comisión Sectorial de Gobierno Abierto.
d) A la Comisión Delegada del Gobierno para la Agenda 2030.

9. La Recomendación del Consejo de la OCDE sobre Gobierno Abierto, de 14 de diciembre de 2017, define Gobierno Abierto como:

a) Una cultura de gobernanza centrada en el ciudadano que utiliza herramientas políticas para promover la participación de las partes interesadas, la democracia y el crecimiento inclusivo, con el fin de fomentar la transparencia, la capacidad de respuesta y la rendición de cuentas del gobierno.
b) Una práctica innovadora y sostenible para promover la gobernanza centrada en la transparencia, la capacidad de respuesta y la rendición de cuentas del gobierno con el fin de fomentar la participación de los ciudadanos en la democracia y el crecimiento inclusivo.

c) Una práctica de innovación y sostenibilidad centrada en la democracia y el creci-miento inclusivo para, por medio de políticas de transparencia promover la rendición de cuentas y la participación de los ciudadanos en la gobernanza global.

d) Una cultura de gobernanza centrada en el ciudadano que utiliza herramientas, po-líticas y prácticas innovadoras y sostenibles para promover la transparencia, la capacidad de respuesta y la rendición de cuentas del gobierno con el fin de fomentar la participa-ción de las partes interesadas soportando la democracia y el crecimiento inclusivo.

10. ¿Cuántos miembros designa la Federación Española de Municipios y Provincias, en representación de la Administración Local, en la Comisión Sectorial de Gobierno Abierto?

a) Uno.
b) Dos.
c) Tres.
d) Cuatro.

En MADTEST tienes **más preguntas de este tema**, y todos tus avances quedan registrados y se reflejan en el ranking.

¡Supera tus límites con MADTEST!

Solución al test n.º 7

1. d) Desde 2011.

2. c) 123.

3. c) 32.

4. b) 4.

5. b) La promoción de la administración electrónica.

6. b) Un plan de acción.

7. c) Diez.

8. a) A la Dirección General de Gobernanza Pública.

9. d) Una cultura de gobernanza centrada en el ciudadano que utiliza herramientas, políticas y prácticas innovadoras y sostenibles para promover la transparencia, la capacidad de respuesta y la rendición de cuentas del gobierno con el fin de fomentar la participación de las partes interesadas soportando la democracia y el crecimiento inclusivo.

10. d) Cuatro.

TEST N.º 8

La protección de datos personales y su régimen jurídico: principios, derechos, responsable y encargado del tratamiento, delegado y autoridades de protección de datos. Derechos digitales

1. Según el artículo 18.3 de la Constitución Española, se garantiza el secreto de las comunicaciones y, en especial, de las postales, telegráficas y telefónicas:

a) Siempre.
b) Salvo resolución judicial.
c) Excepto en los casos que establezcan las leyes.
d) Salvo consentimiento del interesado.

2. Es correcto, conforme a la disposición adicional 3.ª de la LO 3/2018, que:

a) Cuando los plazos se señalen por días, se entiende que estos son naturales.
b) Si el plazo se fija en semanas, concluirá el día anterior al día de la semana en que se produjo el hecho que determina su iniciación en la semana de vencimiento.
c) Si el plazo se fija en años, concluirá el mismo día en que se produjo el hecho que determina su iniciación en el año de vencimiento.
d) Cuando el último día del plazo sea inhábil, se entenderá adelantado al último día hábil anterior.

3. El RGPD lo define como la persona física o jurídica, autoridad pública, servicio u otro organismo que trate datos personales por cuenta del responsable del tratamiento:

a) El Delegado.
b) El Encargado.
c) El Representante.
d) El Tratante.

4. Según el artículo 3 de la LO 3/2018, los requisitos y condiciones para acreditar la validez y vigencia de los mandatos e instrucciones de las personas fallecidas respecto al acceso a los datos personales de estas por parte de las personas o instituciones que designaran expresamente, serán establecidos:

a) Por medio de una Directiva europea.
b) Por Ley estatal.

c) Por Ley autonómica.
d) Por Real Decreto.

5. El artículo 4 de la LO 3/2018 señala que, conforme al artículo 5.1.d) del Reglamento (UE) 2016/679, los datos serán exactos y, si fuere necesario:

a) Actualizados.
b) Aproximados.
c) Normalizados.
d) Digitalizados.

6. Señala la respuesta incorrecta. No será imputable al responsable del tratamiento, siempre que este haya adoptado todas las medidas razonables para que se supriman o rectifiquen sin dilación, la inexactitud de los datos personales, con respecto a los fines para los que se tratan, cuando los datos inexactos:

a) Hubiesen sido obtenidos por el responsable directamente del encargado.
b) Hubiesen sido obtenidos por el responsable de un mediador o intermediario en caso de que las normas aplicables al sector de actividad al que pertenezca el responsable del tratamiento establecieran la posibilidad de intervención de un intermediario o mediador que recoja en nombre propio los datos de los afectados para su transmisión al responsable.
c) Fuesen sometidos a tratamiento por el responsable por haberlos recibido de otro responsable en virtud del ejercicio por el afectado del derecho a la portabilidad.
d) Fuesen obtenidos de un registro público por el responsable.

7. Conforme al artículo 5.1 de la LO 3/2018, estarán sujetas al deber de confidencialidad:

a) Únicamente los responsables del tratamiento.
b) Los responsables y encargados del tratamiento.
c) Los responsables y encargados del tratamiento de datos así como todas las personas que intervengan en cualquier fase de este.
d) Los responsables y encargados del tratamiento de datos así como todas las personas que intervengan en todas las fases de este.

8. Conforme a los artículos 4.11 del RGPD y 6.1 de la LO 3/2018, se entiende por *consentimiento del afectado* **la aceptación, ya sea mediante una declaración o una clara acción afirmativa, del tratamiento de datos personales que le conciernen manifestada por voluntad libre, de forma específica, informada e/y:**

a) Detallada.
b) Unitaria.
c) Inequívoca.
d) Por escrito.

9. Cuando se pretenda fundar el tratamiento de los datos en el consentimiento del afectado para una pluralidad de finalidades:

a) Será preciso que conste de manera específica e inequívoca que dicho consentimiento se otorga para todas ellas.

b) Será necesario demostrar que el afectado consintió expresa e inequívocamente en alguna de las finalidades y, que el resto de finalidades están claramente relacionadas con aquella.

c) El responsable debe demostrar la adecuación de las distintas finalidades a un único objeto.

d) El consentimiento del afectado solo puede afectar a una finalidad. Cada finalidad precisa un consentimiento propio e independiente.

10. Según el artículo 8.1 de la LO 3/2018, el tratamiento de datos personales solo podrá considerarse fundado en el cumplimiento de una obligación legal exigible al responsable:

a) Cuando así lo prevea una norma de Derecho de la Unión Europea o una norma con rango de ley.

b) Cuando el tratamiento se considere una misión realizada en interés público.

c) Cuando se trate del ejercicio de poderes públicos conferidos al responsable.

d) Cuando el responsable sea un órgano u organismo público.

En MADTEST tienes **más preguntas de este tema**, y todos tus avances quedan registrados y se reflejan en el ranking.

¡Supera tus límites con MADTEST!

Solución al test n.º 8

1. b) Salvo resolución judicial.

2. c) Si el plazo se fija en años, concluirá el mismo día en que se produjo el hecho que determina su iniciación en el año de vencimiento.

3. b) El Encargado.

4. d) Por Real Decreto.

5. a) Actualizados.

6. a) Hubiesen sido obtenidos por el responsable directamente del encargado.

7. c) Los responsables y encargados del tratamiento de datos así como todas las personas que intervengan en cualquier fase de este.

8. c) Inequívoca.

9. a) Será preciso que conste de manera específica e inequívoca que dicho consentimiento se otorga para todas ellas.

10. a) Cuando así lo prevea una norma de Derecho de la Unión Europea o una norma con rango de ley.

TEST N.º 9

**Políticas de igualdad y contra la violencia de género: régimen jurídico.
Políticas de igualdad de trato y no discriminación de las personas LGTBI.
Discapacidad y dependencia: régimen jurídico**

1. ¿Qué artículo de la Constitución española consagra la igualdad de todos los españoles ante la ley?

a) El artículo 8.
b) El artículo 14.
c) El artículo 21.
d) El artículo 27.

2. Según su artículo 1, la LO 3/2007 tiene por objeto hacer efectivo el derecho de:

a) Conciliación de la vida laboral y familiar de mujeres y hombres.
b) Igualdad de trato y de oportunidades entre mujeres y hombres.
c) Participación en los asuntos públicos en igualdad de condiciones.
d) No discriminación por razón de sexo.

3. Las obligaciones establecidas en la LO 3/2007 son de aplicación:

a) A toda persona, física o jurídica, que se encuentre o actúe en territorio español, cualquiera que fuese su nacionalidad, domicilio o residencia.
b) A todos los ciudadanos españoles, ya sea en territorio español o territorio de cualquier país extranjero.
c) A toda persona, física o jurídica, que se encuentre o actúe en territorio español, con nacionalidad española.
d) A toda persona, física o jurídica, que resida en territorio español, cualquiera que fuese su nacionalidad.

4. Según el artículo 4 de la LO 3/2007, la igualdad de trato y de oportunidades entre mujeres y hombres:

a) Es un deber de las Administraciones Públicas.
b) Es una fuente formal del Derecho.

c) Es un principio informador del ordenamiento jurídico.
d) Es un objetivo fundamental del procedimiento administrativo.

5. El principio de igualdad de trato y de oportunidades entre mujeres y hombres:

a) Solo se aplica en el ámbito del empleo público.
b) Se garantizará incluso en el acceso al trabajo por cuenta propia.
c) No se aplica en la afiliación y participación en organizaciones sindicales o empresariales.
d) Se garantizará en los términos que prevean los convenios colectivos.

6. La situación en que se encuentra una persona que sea, haya sido o pudiera ser tratada, en atención a su sexo, de manera menos favorable que otra en situación comparable, se considera:

a) Discriminación directa.
b) Acoso sexual.
c) Discriminación indirecta.
d) Violencia de género.

7. Una diferencia de trato basada en una característica relacionada con el sexo, ¿constituye discriminación en el acceso al empleo?

a) Sí, en todo caso.
b) No, siempre que la formación necesaria se base en dicha característica.
c) No, siempre que dicha característica constituya un requisito profesional esencial y determinante.
d) No, si debido a la naturaleza de las actividades profesionales concretas o al contexto en el que se lleven a cabo, dicha característica constituya un requisito profesional esencial y determinante, siempre y cuando el objetivo sea legítimo y el requisito proporcionado.

8. En virtud del artículo 6.2 de la LO 3/2007, la situación en que una disposición, criterio o práctica aparentemente neutros pone a personas de un sexo en desventaja particular con respecto a personas del otro:

a) En cualquier caso constituirá discriminación directa.
b) En cualquier caso constituirá discriminación indirecta.
c) No se considera discriminación indirecta si dicha disposición, criterio o práctica pueden justificarse objetivamente en atención a una finalidad legítima y los medios para alcanzar dicha finalidad son necesarios y adecuados.
d) En ningún caso podrá considerarse discriminación.

9. Conforme al artículo 6.3 de la LO 3/2007, toda orden de discriminar por razón de sexo:

a) Solo se considera discriminatoria si se ordena discriminar directamente.
b) En ningún caso se puede considerar discriminatoria.

c) Solo se considera discriminatoria si ordena una discriminación indirecta.

d) En cualquier caso se considera discriminatoria, sea directa o indirecta.

10. A los efectos de la LO 3/2007, definimos como acoso sexual:

a) Cualquier comportamiento realizado en función del sexo de una persona, con el propósito o el efecto de atentar contra su dignidad y de crear un entorno intimidatorio, degradante u ofensivo.

b) La situación en que una disposición, criterio o práctica aparentemente neutros pone a personas de un sexo en desventaja particular con respecto a personas del otro, salvo que dicha disposición, criterio o práctica puedan justificarse objetivamente en atención a una finalidad legítima y que los medios para alcanzar dicha finalidad sean necesarios y adecuados.

c) Todo trato desfavorable a las mujeres relacionado con el embarazo o la maternidad.

d) Cualquier comportamiento, verbal o físico, de naturaleza sexual que tenga el propósito o produzca el efecto de atentar contra la dignidad de una persona, en particular cuando se crea un entorno intimidatorio, degradante u ofensivo.

Solución al test n.º 9

1. b) El artículo 14.

2. b) Igualdad de trato y de oportunidades entre mujeres y hombres.

3. a) A toda persona, física o jurídica, que se encuentre o actúe en territorio español, cualquiera que fuese su nacionalidad, domicilio o residencia.

4. c) Es un principio informador del ordenamiento jurídico.

5. b) Se garantizará incluso en el acceso al trabajo por cuenta propia.

6. a) Discriminación directa.

7. d) No, si debido a la naturaleza de las actividades profesionales concretas o al contexto en el que se lleven a cabo, dicha característica constituya un requisito profesional esencial y determinante, siempre y cuando el objetivo sea legítimo y el requisito proporcionado.

8. c) No se considera discriminación indirecta si dicha disposición, criterio o práctica pueden justificarse objetivamente en atención a una finalidad legítima y los medios para alcanzar dicha finalidad son necesarios y adecuados.

9. d) En cualquier caso se considera discriminatoria, sea directa o indirecta.

10. d) Cualquier comportamiento, verbal o físico, de naturaleza sexual que tenga el propósito o produzca el efecto de atentar contra la dignidad de una persona, en particular cuando se crea un entorno intimidatorio, degradante u ofensivo.

TEST N.º 10

Otras políticas públicas. El sistema sanitario: distribución de competencias, gestión y financiación. Política exterior y de cooperación al desarrollo. Régimen de telecomunicaciones y desarrollo de la sociedad de la información. La Agenda 2030 y los Objetivos de Desarrollo Sostenible

1. La Agencia Española de Cooperación Internacional para el Desarrollo está adscrita al:

a) Ministerio de Asuntos Exteriores.
b) Ministerio de Asuntos Exteriores, Unión Europea y Cooperación.
c) Ministerio de Cooperación y Políticas para el desarrollo.
d) Ministerio de Cooperación Internacional.

2. ¿Cuál es la Ley que regula la Cooperación Internacional para el Desarrollo?

a) La Ley 1/2023, de 20 de febrero.
b) La Ley 32/1996, de 3 de junio.
c) La Ley 16/2006, de 5 de mayo.
d) La Ley 23/1998, de 7 de julio.

3. Qué órgano del Ministerio de Asuntos Exteriores, Unión Europea y Cooperación tiene entre otras funciones, la promoción y la protección de los Derechos Humanos y la aplicación transversal de los Derechos Humanos, incluida la de la igualdad de género en la política exterior:

a) La Secretaría de Estado de Asuntos Exteriores y Globales.
b) La Secretaría de Estado de Cooperación Internacional.
c) La Subsecretaría de Asuntos Exteriores, Unión Europea y Cooperación.
d) La Dirección General de Comunicación, Diplomacia Pública y Redes.

4. La política española de cooperación internacional para el desarrollo de la Administración General del Estado se establecerá a través de:

a) Planes Gestores.
b) Planes de Gestión Cooperadora.

c) Planes Directores.
d) Planes de Cooperación Técnica.

5. Con qué periodicidad la persona titular del Ministerio de Asuntos Exteriores, Unión Europea y Cooperación comparecerá ante las Comisiones de Cooperación para el Desarrollo del Congreso de los Diputados y del Senado para presentar la Memoria, y hacer balance sobre las actuaciones del Fondo y su adecuación a su objeto, principios y objetivos:

a) Cada dos años.
b) Cada año.
c) Cada nueve meses.
d) Semestralmente.

6. La política española de cooperación para el desarrollo sostenible persigue:

a) Promover la justicia social, la lucha contra el hambre y todas las formas de malnutrición, la salud y la cobertura sanitaria universal, a través de sistemas nacionales que aseguren la equidad y la seguridad sanitaria y como bien público global.
b) Promover la cohesión social y territorial, así como nuevos pactos sociales, a través del diálogo social, una fiscalidad justa, eficaz y progresiva, políticas redistributivas, y mayor conectividad a los servicios digitales, para promover el acceso incluyente y equitativo a servicios públicos de calidad.
c) Prevenir, gestionar y ayudar a resolver las crisis y los conflictos armados.
d) Todas las respuestas son correctas.

7. Una de las dos modalidades de voluntariado para la acción humanitaria y la cooperación al desarrollo es la de voluntariado de larga duración, en el que la persona voluntaria desarrolla su actividad por periodos semestrales prorrogables, hasta un máximo de:

a) Cuatro años.
b) Tres años.
c) Dos años.
d) Un año.

8. La modalidad de voluntariado de corta duración dispone de una prestación que se extenderá hasta un máximo de:

a) Nueve meses.
b) Seis meses.
c) Cinco meses.
d) Tres meses.

9. ¿En qué año la Asamblea General de la ONU adoptó la Agenda 2030 para el Desarrollo Sostenible?

a) 2010.
b) 2012.
c) 2015.
d) 2016.

10. Tienen la condición de beneficiarios de un asegurado, siempre que residan en España, el cónyuge o persona con análoga relación de afectividad, que debe acreditar la inscripción oficial correspondiente, el ex cónyuge a cargo del asegurado, así como los descendientes y personas asimiladas a cargo del mismo que sean menores de:

a) 30 años o que tengan una discapacidad en grado igual o superior al 65%.
b) 28 años o que tengan una discapacidad en grado igual o superior al 65%.
c) 26 años o que tengan una discapacidad en grado igual o superior al 65%.
d) 25 años o que tengan una discapacidad en grado igual o superior al 60%.

En MADTEST tienes **más preguntas de este tema**, y todos tus avances quedan registrados y se reflejan en el ranking.

¡Supera tus límites con MADTEST!

Solución al test n.º 10

1. b) Ministerio de Asuntos Exteriores, Unión Europea y Cooperación.

2. a) La Ley 1/2023, de 20 de febrero.

3. a) La Secretaría de Estado de Asuntos Exteriores y Globales.

4. c) Planes Directores.

5. b) Cada año.

6. d) Todas las respuestas son correctas.

7. b) Tres años.

8. b) Seis meses.

9. c) 2015.

10. c) 26 años o que tengan una discapacidad en grado igual o superior al 65%.

IV. Derecho Administrativo General

TEST N.º 1

**Las fuentes del Derecho Administrativo: concepto y clases.
La jerarquía de las fuentes**

1. El Derecho Administrativo se considera Derecho:

a) Constitucional.
b) Público.
c) Privado.
d) Común.

2. Entre los principios garantizados por el art. 9,3.º de la Constitución no se encuentra el de:

a) Seguridad jurídica.
b) Publicidad normativa.
c) Responsabilidad de los poderes públicos.
d) Pluralismo político.

3. Por su parte, entre los principios recogidos en el art. 103,1.º del Texto Constitucional, no está el de:

a) Delegación.
b) Desconcentración.
c) Descentralización.
d) Están todos ellos.

4. El control de la potestad reglamentaria se reserva, según nuestra Constitución, al/a la/a los:

a) Tribunales.
b) Tribunal Constitucional.
c) Propia Administración.
d) Jurisdicción penal.

5. El principio de retroactividad de las disposiciones sancionadoras no favorables:

a) Permite que se apliquen a supuestos ocurridos con anterioridad a la promulgación de la norma de que se trate.
b) Se recoge en el art. 9,3.º de la Constitución.

133

c) No existe en nuestro Derecho.

d) Las respuestas a) y b) son ciertas.

6. De acuerdo con nuestra Constitución, la Administración Pública, respecto a los intereses generales:

a) Ha de ser eficaz.

b) Los sirve con objetividad.

c) Está sometida a la Ley y al Derecho.

d) Ha de declararlos.

7. El llamado Estado de Derecho tuvo su punto de partida:

a) Tras la Segunda Guerra Mundial.

b) A raíz de que se promulgó la Constitución.

c) Tras la Revolución Francesa.

d) En los regímenes dictatoriales.

8. El Derecho Administrativo, según nuestra Doctrina Científica, dentro de los tipos de Derecho, debe considerarse como:

a) Común para todos los ciudadanos y Administraciones.

b) Especial.

c) Común de las Administraciones Públicas.

d) Constitucional.

9. Dentro de este Derecho, la situación de la Administración:

a) Es de privilegio.

b) Es similar y correlativa a la que se reconoce a los ciudadanos.

c) De sumisión a los ciudadanos.

d) Nada de lo anterior es cierto.

10. La Administración queda sometida al Derecho Privado:

a) En todo caso.

b) Nunca.

c) Cuando ejerza sus poderes exorbitantes.

d) Cuando actúe como un particular, sin hacer uso de las prerrogativas que tiene reconocidas.

En MADTEST tienes **más preguntas de este tema,** y todos tus avances quedan registrados y se reflejan en el ranking.

¡Supera tus límites con MADTEST!

Solución al test n.º 1

1. b) Público.

2. d) Pluralismo político.

3. a) Delegación.

4. a) Tribunales.

5. c) No existe en nuestro Derecho.

6. b) Los sirve con objetividad.

7. c) Tras la Revolución Francesa.

8. c) Común de las Administraciones Públicas.

9. a) Es de privilegio.

10. d) Cuando actúe como un particular, sin hacer uso de las prerrogativas que tiene reconocidas.

TEST N.º 2

La ley. Tipos de leyes. Reserva de ley. Disposiciones del Gobierno con fuerza de ley: decreto-ley y decreto legislativo

1. Desde el punto de vista material la Ley es:

a) Una norma de carácter general y obligatorio.
b) Una fuente indirecta de nuestro ordenamiento jurídico.
c) Una norma dispositiva.
d) Un acto del Poder Legislativo.

2. Las Leyes ordinarias de las Cortes Generales pueden modificarse por:

a) Una Costumbre.
b) Un Principio General del Derecho.
c) La Jurisprudencia.
d) Un Decreto-Ley del Gobierno de la Nación.

3. El Rey, respecto de la publicación de las Leyes de las Cortes Generales:

a) Ordena la misma.
b) No tiene nada que ver.
c) La efectúa directamente.
d) Nada de lo expuesto es cierto.

4. Las Leyes de las Asambleas Legislativas de las Comunidades Autónomas son sancionadas y promulgadas por el:

a) Rey, a tenor del art. 62 de la Constitución.
b) Presidente de la respectiva Asamblea.
c) Presidente del Gobierno de la Nación.
d) Presidente de la Comunidad Autónoma de que se trate.

5. Los Decretos-Leyes del Gobierno de la Nación pueden regular materias relacionadas con:

a) El Derecho electoral.
b) Los derechos y deberes fundamentales de los españoles.

c) El Derecho Tributario.
d) Las instituciones básicas del Estado.

6. Los Decretos-Leyes del Gobierno de la Nación se convalidan por el/las:

a) Senado.
b) Congreso de los Diputados.
c) Gobierno.
d) Cortes Generales.

7. Los Decretos-Leyes del Gobierno de la Nación:

a) No pueden contradecir una Ley anterior.
b) No pueden derogar una Ley anterior.
c) Pueden modificar y derogar una Ley anterior.
d) Solo pueden modificar y derogar una Ley anterior cuando haya una autorización expresa de la Constitución, según la materia regulada.

8. El procedimiento de convalidación o derogación de un Decreto-Ley del Gobierno de la Nación es:

a) Anterior a su promulgación.
b) Similar al de los Decretos Legislativos.
c) El ordinario de aprobación de una Ley.
d) Sumario.

9. Y el plazo para hacerlo es de:

a) Dos meses.
b) Sesenta días.
c) Treinta días.
d) Quince días.

10. Un Decreto-Ley del Gobierno de la Nación puede regular, entre otras materias:

a) El Derecho electoral general.
b) Un derecho fundamental de un español.
c) El régimen de una Comunidad Autónoma.
d) La organización de un Ministerio.

En MADTEST tienes **más preguntas de este tema**, y todos tus avances quedan registrados y se reflejan en el ranking.

¡Supera tus límites con MADTEST!

Solución al test n.º 2

1. a) Una norma de carácter general y obligatorio.

2. d) Un Decreto-Ley del Gobierno de la Nación.

3. a) Ordena la misma.

4. d) Presidente de la Comunidad Autónoma de que se trate.

5. c) El Derecho Tributario.

6. b) Congreso de los Diputados.

7. c) Pueden modificar y derogar una Ley anterior.

8. d) Sumario.

9. c) Treinta días.

10. d) La organización de un Ministerio.

TEST N.º 3

El reglamento: concepto, clases y límites.
Los principios generales del Derecho. Los Tratados Internacionales

1. El principio de reserva de Ley significa que:

a) Los Reglamentos ejecutivos pueden desarrollar una Ley.
b) Estos no pueden ir contra una Ley.
c) Los Reglamentos no pueden regular determinadas materias.
d) Los Reglamentos no pueden ser derogados por actos singulares.

2. La potestad reglamentaria de la Administración Pública significa que esta puede dictar:

a) Todo tipo de normas.
b) Normas, con sujeción a la Ley.
c) Solo las normas que expresamente le autorice una Ley previa.
d) Normas aun en contra de una Ley.

3. Los Reglamentos:

a) No son actos administrativos.
b) Son actos administrativos de carácter general que se integran en el sistema de fuentes del Derecho Público.
c) Son normas y no actos administrativos.
d) Deben ser fiscalizados por el Tribunal Constitucional.

4. Al dictar un Reglamento, la Administración:

a) Suele limitar sus potestades discrecionales.
b) Desarrolla y, en su caso, modifica lo dispuesto en una Ley.
c) Amplía su esfera discrecional.
d) No se somete al principio de legalidad.

5. Un Reglamento independiente:

a) Puede ir contra una Ley.
b) Regula supuestos no contemplados en la Ley.

c) Complementa a una Ley previa.
d) Solo se dicta para desarrollar una Ley.

6. Un Reglamento Ejecutivo es el:

a) Dictado exclusivamente por el Gobierno de la Nación.
b) Que desarrolla una Ley previa.
c) Que se dicta al margen de Ley previa.
d) Que regula materia organizativa.

7. Un Reglamento organizativo tiene carácter:

a) *Secundum legem*.
b) *Contra legem*.
c) *Praeter legem*.
d) No jurídico.

8. Un Reglamento organizativo:

a) Puede afectar a derechos de los particulares.
b) Regula las relaciones entre la Administración Pública y los interesados.
c) No es norma jurídica.
d) Se circunscribe al ámbito interno de la Administración Pública.

9. Un Reglamento Independiente puede regular nuestro sistema:

a) Tributario.
b) Sancionador.
c) De autonomía.
d) De potestades discrecionales administrativas.

10. Un Reglamento puede establecer una prestación pecuniaria:

a) En cualquier caso.
b) Solo si se lo permite una Ley.
c) Al desarrollar una Ley al efecto.
d) En ningún caso.

En MADTEST tienes **más preguntas de este tema**, y todos tus avances quedan registrados y se reflejan en el ranking.

¡Supera tus límites con MADTEST!

Solución al test n.º 3

1. c) Los Reglamentos no pueden regular determinadas materias.

2. b) Normas, con sujeción a la Ley.

3. c) Son normas y no actos administrativos.

4. a) Suele limitar sus potestades discrecionales.

5. b) Regula supuestos no contemplados en la Ley.

6. b) Que desarrolla una ley previa.

7. c) *Praeter legem*.

8. d) Se circunscribe al ámbito interno de la Administración Pública.

9. d) De potestades discrecionales administrativas.

10. c) Al desarrollar una Ley al efecto.

**El acto administrativo: concepto, clases y elementos.
Eficacia y validez de los actos administrativos.
Su motivación y notificación**

1. Un acto complejo es aquel:

a) En el que intervienen, sucesivamente, en virtud de la tutela administrativa, dos órganos administrativos.
b) Que se adopta por un órgano colegiado.
c) En cuyo proceso de elaboración se ha evacuado el dictamen de un órgano consultivo.
d) En cuya emisión de voluntad han de intervenir, como mínimo, dos órganos administrativos.

2. El interés público convierte a los actos administrativos en:

a) Susceptibles de impugnación directa.
b) Reglados, en parte.
c) Discrecionales.
d) Nada de lo anterior.

3. El contenido eventual del acto supone:

a) Que éste puede estar condicionado.
b) Que se presume en todos los actos del mismo tipo.
c) Que es connatural con el acto de que se trate.
d) Su carácter reglado.

4. Un acto general debe:

a) Publicarse.
b) Notificarse a los interesados.
c) Tener un contenido normativo.
d) Elaborarse por un órgano colegiado.

5. El acto que da fin a un expediente administrativo es un/una:

a) Propuesta.
b) Acto definitivo.

c) Informe con propuesta de resolución.
d) Acto trámite.

6. Un ejemplo de acto de trámite es un/una:

a) Decisión con que concluye el procedimiento.
b) Renuncia.
c) Informe emitido en un procedimiento.
d) Ninguno de ellos lo es.

7. El contenido de un acto administrativo ha de ser:

a) Ilícito y determinado.
b) Posible y lícito.
c) Determinado o determinable e ilícito.
d) Imposible y lícito.

8. Las cláusulas accesorias de un acto administrativo forman parte del contenido:

a) Natural del acto.
b) Implícito del mismo.
c) Legal del acto.
d) Eventual del acto.

9. Cuando algo necesariamente forma parte de un acto, hablamos de contenido:

a) Natural.
b) Legal.
c) Eventual.
d) Implícito.

10. Los actos deben motivarse:

a) Siempre.
b) Nunca.
c) Cuando decidan un procedimiento.
d) Cuando la Ley lo prescriba.

En MADTEST tienes **más preguntas de este tema**, y todos tus avances quedan registrados y se reflejan en el ranking.

¡Supera tus límites con MADTEST!

Solución al test n.º 4

1. d) En cuya emisión de voluntad han de intervenir, como mínimo, dos órganos administrativos.

2. b) Reglados, en parte.

3. a) Que éste puede estar condicionado.

4. a) Publicarse.

5. b) Acto definitivo.

6. c) Informe emitido en un procedimiento.

7. b) Posible y lícito.

8. d) Eventual del acto.

9. a) Natural.

10. d) Cuando la Ley lo prescriba.

TEST N.º 5

**Los contratos del sector público (I): concepto, clases y elementos.
Preparación, adjudicación, efectos, cumplimiento y extinción.
La revisión de precios y otras alteraciones contractuales.
Régimen de invalidez y recursos**

1. De los siguientes, son contratos privados los contratos celebrados por una Administración Pública que tengan por objeto:

a) La suscripción a revistas, publicaciones periódicas y bases de datos.
b) La concesión de servicios públicos.
c) Los contratos de colaboración entre el sector público y el sector privado.
d) La adquisición de suministros.

2. Conforme al artículo 1.3 de la Ley 9/2017, siempre que guarde relación con el objeto del contrato, en toda contratación pública se incorporarán de manera transversal y preceptiva criterios sociales y:

a) Divulgativos.
b) Comunitarios.
c) Medioambientales.
d) Judiciales.

3. En virtud de la Ley 9/2017 (art. 6.1.a), se presumirá que las entidades intervinientes en un convenio tienen vocación de mercado cuando realicen en el mercado abierto un porcentaje de las actividades objeto de colaboración igual o superior a:

a) El 10%.
b) El 20%.
c) El 50%.
d) El 30%.

4. Se consideran sujetos a regulación armonizada los contratos:

a) Relativos al tiempo de radiodifusión o al suministro de programas que sean adjudicados a proveedores del servicio de comunicación audiovisual o radiofónica.
b) De concesión adjudicados para la puesta a disposición o la explotación de redes fijas destinadas a prestar un servicio al público en relación con la producción, el transporte o la distribución de agua potable;

c) De concesión de obras cuyo valor estimado sea igual o superior a 5.404.000 euros.

d) Que tengan por objeto los servicios de certificación y autenticación de documentos que deban ser prestados por un notario público.

5. Los contratos celebrados por entidades del sector público que siendo poder adjudicador no reúnan la condición de Administraciones Públicas, tienen la consideración de:

a) Contratos administrativos.
b) Contratos privados.
c) Contratos administrativos especiales.
d) Contratos mixtos.

6. La duración de los contratos de arrendamiento de bienes muebles no podrá exceder, incluyendo las posibles prórrogas, de:

a) 3 años.
b) 4 años.
c) 5 años.
d) 7 años.

7. Se consideran contratos menores los contratos de suministro o de servicios de valor estimado inferior a:

a) 15.000 euros.
b) 20.000 euros.
c) 30.000 euros.
d) 40.000 euros.

8. Por regla general, el acceso a la información del perfil de contratante:

a) Será libre, no requiriendo identificación previa.
b) Estará restringido.
c) Será libre, previa identificación.
d) Precisará previa solicitud motivada de acceso.

9. Según el artículo 190 de la Ley 9/2017, el órgano de contratación ostenta, entre otras, la siguiente prerrogativa en relación a los contratos administrativos:

a) El derecho general del órgano de contratación a inspeccionar las instalaciones, oficinas y demás emplazamientos en los que el contratista desarrolle sus actividades.

b) La revisión periódica no predeterminada o no periódica de los precios de los contratos.

c) Suspender la ejecución del contrato.

d) La prórroga del contrato sin necesidad de preaviso.

10. Los contratos menores definidos en el artículo 118 de la Ley de Contratos del Sector Público no podrán tener una duración superior a:

a) Un año.
b) Tres años.
c) Cinco años.
d) Diez años.

Solución al test n.º 5

1. a) La suscripción a revistas, publicaciones periódicas y bases de datos.

2. c) Medioambientales.

3. b) El 20%.

4. c) De concesión de obras cuyo valor estimado sea igual o superior a 5.404.000 euros.

5. b) Contratos privados.

6. c) 5 años.

7. a) 15.000 euros.

8. a) Será libre, no requiriendo identificación previa.

9. c) Suspender la ejecución del contrato.

10. a) Un año.

TEST N.º 6

Los contratos regulados por la Ley de Contratos del Sector Público (II). Tipos. Características generales

1. Los contratos que tienen por objeto la adquisición, el arrendamiento financiero, o el arrendamiento, con o sin opción de compra, de productos o bienes muebles, son:

a) Contratos de servicios.
b) Contratos de suministro.
c) Contratos de obras.
d) Contratos de gestión de servicios públicos.

2. No se consideran contratos de suministros:

a) Aquellos en los que el empresario se obligue a entregar una pluralidad de bienes de forma sucesiva y por precio unitario sin que la cuantía total se defina con exactitud al tiempo de celebrar el contrato, por estar subordinadas las entregas a las necesidades del adquirente.
b) Los que tengan por objeto la adquisición y el arrendamiento de equipos y sistemas de telecomunicaciones o para el tratamiento de la información, sus dispositivos y programas, y la cesión del derecho de uso de estos últimos.
c) Los de adquisición de programas de ordenador desarrollados a medida.
d) Los de fabricación, por los que la cosa o cosas que hayan de ser entregadas por el empresario deban ser elaboradas con arreglo a características peculiares fijadas previamente por la entidad contratante, aun cuando esta se obligue a aportar, total o parcialmente, los materiales precisos.

3. Un conjunto de trabajos de construcción o de ingeniería civil, destinado a cumplir por sí mismo una función económica o técnica, que tenga por objeto un bien inmueble, es denominado por la Ley 9/2017:

a) Una infraestructura.
b) Patrimonio material.
c) Una obra.
d) Un servicio público.

4. En un contrato de concesión de obras, cuando no esté garantizado que, en condiciones normales de funcionamiento, el concesionario vaya a recuperar las inversiones realizadas ni a cubrir los costes en que hubiera incurrido como consecuencia de la explotación de las obras que sean objeto de la concesión, se considerará que el mismo asume un riesgo:

a) Operacional.
b) Virtual.
c) General.
d) Provisional.

5. Los contratos que tengan por objeto la adquisición de energía primaria o energía transformada se consideran:

a) Contratos de concesión de servicios.
b) Contratos de suministros.
c) Contratos privados.
d) Contratos de servicios.

6. No podrán ser objeto de los contratos de servicios:

a) Los que impliquen ejercicio de la autoridad inherente a los poderes públicos.
b) Los que impliquen el desarrollo o mantenimiento de aplicaciones informáticas.
c) Los que tengan por objeto el desarrollo y la puesta a disposición de productos protegidos por un derecho de propiedad intelectual o industrial.
d) Los que tengan por objeto la prestación de actividades docentes en centros del sector público desarrolladas en forma de cursos de formación o perfeccionamiento del personal al servicio de la Administración.

7. Según el art. 13.3 de la Ley 9/2017, de 8 de noviembre, de Contratos del Sector Público, los contratos de obras se referirán:

a) A una obra completa.
b) A una superficie acotada.
c) A un área concreta.
d) A un plan urbanístico determinado.

8. Es causa de resolución del contrato de obras la suspensión de las obras por parte de la Administración por plazo superior a:

a) 4 meses.
b) 6 meses.
c) 8 meses.
d) 10 meses.

9. Las obras que tienen por objeto reparar una construcción conservando su estética, respetando su valor histórico y dotándola de una nueva funcionalidad que sea compatible con los elementos y valores originales del inmueble, se denominan:

a) Obras de restauración.
b) Obras de rehabilitación.
c) Obras de regeneración.
d) Obras de conservación.

10. Es causa de resolución del contrato de obras la suspensión de la iniciación de las obras por plazo superior a:

a) 3 meses.
b) 4 meses.
c) 6 meses.
d) 8 meses.

En MADTEST tienes **más preguntas de este tema**, y todos tus avances quedan registrados y se reflejan en el ranking.

¡Supera tus límites con MADTEST!

Solución al test n.º 6

1. b) Contratos de suministro.

2. c) Los de adquisición de programas de ordenador desarrollados a medida.

3. c) Una obra.

4. a) Operacional.

5. b) Contratos de suministros.

6. a) Los que impliquen ejercicio de la autoridad inherente a los poderes públicos.

7. a) A una obra completa.

8. c) 8 meses.

9. b) Obras de rehabilitación.

10. b) 4 meses.

TEST N.º 7

**Procedimientos y formas de la actividad administrativa.
La actividad de intervención, arbitral, de servicio público y de fomento.
Formas de gestión de los servicios públicos. Ayudas y subvenciones
públicas: régimen jurídico**

1. La incentivación a un particular para que realice una conducta que redunda en beneficio de los demás es propio de la actividad de:

a) Servicio público.
b) Policía.
c) Fomento.
d) Coacción.

2. Una nota característica de la policía administrativa es:

a) Usar la coacción.
b) Estimular al particular.
c) Determinarse reglamentariamente.
d) Las respuestas a) y b) son correctas.

3. Entre las formas de gestión directa de los servicios públicos se incluye el/la:

a) Gestión interesada.
b) Arrendamiento.
c) Concierto.
d) Entidad pública empresarial local.

4. Para la Directiva 2014/23/UE, de 26 de febrero de 2014, relativa a la adjudicación de contratos de concesión, el criterio delimitador del contrato de concesión de servicios respecto del contrato de servicios es:

a) La cuantificación del coste.
b) Quién asume el riesgo operacional.

c) La exigencia o no de la clasificación del empresario.
d) La publicación en boletín oficial.

5. La falta de aportación de pruebas y documentos requeridos por los órganos de control o la negativa a su exhibición se sancionar con multa de, como máximo, hasta:

a) 900 euros.
b) 6.000 euros.
c) 30.000 euros.
d) 150 euros.

6. En el supuesto de las infracciones graves, se puede sancionar en determinados casos con la prohibición de celebrar contratos con la Administración u otros Entes Públicos durante un plazo de, como máximo, hasta:

a) Dos años.
b) Cinco años.
c) Tres años.
d) No está prevista esta sanción en este tipo de infracciones.

7. Aprovechar los servicios establecidos de antemano por un particular u otra Administración es propio del/de la:

a) Gestión interesada.
b) Sociedad de economía mixta.
c) Arrendamiento.
d) Concierto.

8. La vigente Ley General de Subvenciones es de:

a) 2001.
b) 2002.
c) 2003.
d) 2004.

9. No tienen el carácter de subvenciones los/las:

a) Entregas realizadas sin contraprestación directa de los beneficiarios.
b) Beneficios en la cotización a la Seguridad Social.
c) Prestaciones por razón de actos de terrorismo.
d) Las respuestas b) y c) son correctas.

10. Las entidades de Derecho Privado dependientes de cualquiera de las Administraciones Públicas, en cuanto a la Ley General de Subvenciones:

a) Ha de ajustarse en su integridad.
b) No están sujetas en modo alguno.
c) Han de aplicar los principios de gestión y de información contenidos en la misma.
d) Solo se sujetan cuando así lo determine la Administración de la que dependan.

En MADTEST tienes **más preguntas de este tema**, y todos tus avances quedan registrados y se reflejan en el ranking.

¡Supera tus límites con MADTEST!

Solución al test n.º 7

1. c) Fomento.

2. a) Usar la coacción.

3. d) Entidad pública empresarial local.

4. b) Quién asume el riesgo operacional.

5. b) 6.000 euros.

6. c) Tres años.

7. d) Concierto.

8. c) 2003.

9. d) Las respuestas b) y c) son correctas.

10. c) Han de aplicar los principios de gestión y de información contenidos en la misma.

TEST N.º 8

La expropiación forzosa: concepto, naturaleza y elementos. Procedimientos de expropiación. Garantías jurisdiccionales

1. Según la Constitución, para que pueda llevarse a efecto una expropiación forzosa es necesario que:

a) La consienta el particular afectado.
b) Incumpla, siempre, el anterior la función social del derecho de propiedad.
c) Los bienes se afecten a una causa de interés público.
d) Nada de lo anterior es correcto.

2. A través de la expropiación forzosa:

a) La Administración Pública y un particular celebran un contrato de compraventa.
b) El segundo cede temporalmente a la primera la propiedad de un bien.
c) Se produce una transferencia obligatoria del derecho de propiedad sobre un bien a la Administración Pública.
d) El particular pierde, sin compensación, un bien que le pertenecía.

3. La expropiación se diferencia de la confiscación en que:

a) Ha de indemnizarse al particular expropiado.
b) La primera se aplica a los ciudadanos y la segunda a otro Ente público.
c) En la confiscación la valoración del bien es superior.
d) Todo lo anterior es correcto.

4. Si la Administración Pública, en vez de adquirir el bien de un particular, lo permuta obligatoriamente por otro de su pertenencia, nos encontramos ante un/una:

a) Contrato privado.
b) Permuta propia del Derecho Civil.
c) Trueque bilateral simultáneo de carácter voluntario.
d) Expropiación en toda regla.

5. Cuando la Administración Pública expropia un bien de dominio público de otra Administración:

a) No está obligada a compensarle económicamente.
b) Ha de destinarlo a similar finalidad, sin que pueda perder su condición de demanial.
c) Le abonará el valor por compensación.
d) No es posible este tipo de expropiación.

6. Una característica de la expropiación forzosa es que:

a) La Administración Pública confisca un bien de un particular.
b) Ha de realizarse por razones de utilidad social.
c) No tiene contraprestación alguna.
d) Nada de lo anterior es correcto.

7. El órgano competente de una Comunidad Autónoma que debe autorizar el ejercicio de la potestad expropiatoria, en caso de que se haya declarado la utilidad pública o el interés social de forma genérica es el:

a) Parlamento Autonómico.
b) Presidente de la misma.
c) Consejo de Gobierno.
d) Consejero de que se trate.

8. Se entiende implícita la utilidad pública respecto de:

a) Las expropiaciones de muebles.
b) Las expropiaciones de inmuebles, en un Plan de Obras y Servicios de una Diputación Provincial.
c) Todo tipo de expropiación.
d) Ninguno de los casos anteriores.

9. En una expropiación por causa de interés social puede ser beneficiario un/una:

a) Entidad pública.
b) Persona natural.
c) Concesionario de la Administración Pública.
d) Todos ellos.

10. No puede ser beneficiario en una expropiación, por causa de utilidad pública, un/una:

a) Concesionario de la Administración Pública.
b) Persona natural o jurídica.
c) Municipio.
d) Lo pueden ser todos ellos.

Solución al test n.º 8

1. d) Nada de lo anterior es correcto.

2. c) Se produce una transferencia obligatoria del derecho de propiedad sobre un bien a la Administración Pública.

3. a) Ha de indemnizarse al particular expropiado.

4. d) Expropiación en toda regla.

5. d) No es posible este tipo de expropiación.

6. d) Nada de lo anterior es correcto.

7. c) Consejo de Gobierno.

8. b) Las expropiaciones de inmuebles, en un Plan de Obras y Servicios de una Diputación Provincial.

9. d) Todos ellos.

10. b) Persona natural o jurídica.

El régimen patrimonial de las Administraciones públicas. El dominio público. Los bienes patrimoniales del Estado. El Patrimonio Nacional. Los bienes comunales

1. El Reglamento de Bienes de las Entidades Locales es de:

a) 2 de abril de 1985.
b) 11 de julio de 1986.
c) 28 de noviembre de 1986.
d) 13 de junio de 1986.

2. Las calles son:

a) Comunales.
b) De servicio público.
c) De uso público.
d) Patrimoniales.

3. La inalienabilidad predicable de los bienes de dominio público significa que:

a) Solo pueden venderse con escritura pública.
b) No pueden ser utilizados por los particulares.
c) Por el transcurso del tiempo, unido a la posesión de los mismos, no se adquiere su propiedad.
d) No son susceptibles de venta alguna.

4. El uso común general de los bienes de dominio público requiere:

a) Licencia.
b) Concesión.
c) Simple permiso.
d) Nada de lo anterior.

5. Por su parte, el uso privativo requiere:

a) Previa autorización.
b) Simple permiso.

c) Concesión.
d) Licencia.

6. Y el uso común especial:

a) Autorización previa.
b) Simple precario.
c) Concesión.
d) Nada en especial.

7. Para usar un ciudadano privativamente bienes de servicio público se requiere:

a) Autorización.
b) Licencia.
c) Concesión.
d) Nada de lo anterior, pues no cabe este uso.

8. La realización del comercio ambulante en las vías públicas es un ejemplo de uso:

a) Común general.
b) Común especial.
c) Privativo.
d) Comunal.

9. Se considera anormal el siguiente uso del dominio público:

a) Instalar un quiosco.
b) Una industria callejera.
c) Estacionar un vehículo.
d) Una conducción subterránea de agua.

10. La enajenación de un bien de dominio público sin previa desafectación:

a) Comporta un supuesto de anulabilidad.
b) Es la regla general.
c) Solo se permite cuando se entienda aquella producida tácitamente.
d) Supone la nulidad de pleno derecho del negocio jurídico por el que se lleva a efecto.

En MADTEST tienes **más preguntas de este tema**, y todos tus avances quedan registrados y se reflejan en el ranking.

¡Supera tus límites con MADTEST!

Solución al test n.º 9

1. d) 13 de junio de 1986.

2. c) De uso público.

3. d) No son susceptibles de venta alguna.

4. d) Nada de lo anterior.

5. c) Concesión.

6. a) Autorización previa.

7. d) Nada de lo anterior, pues no cabe este uso.

8. b) Común especial.

9. d) Una conducción subterránea de agua.

10. d) Supone la nulidad de pleno derecho del negocio jurídico por el que se lleva a efecto.

La responsabilidad patrimonial de las Administraciones públicas. Procedimiento de responsabilidad patrimonial

1. ¿Qué artículo de la Constitución Española dice que "nadie podrá ser privado de sus bienes y derechos sino por causa justificada de utilidad pública o interés social, mediante la correspondiente indemnización y de conformidad con lo dispuesto por las leyes"?

a) Artículo 9.
b) Artículo 16.
c) Artículo 33.
d) Artículo 106.

2. ¿Qué artículo de la Constitución Española sienta como principio del ordenamiento jurídico el de "responsabilidad de los poderes públicos"?

a) Artículo 9.
b) Artículo 16.
c) Artículo 33.
d) Artículo 103.

3. Los particulares tienen derecho a ser indemnizados por las Administraciones Públicas correspondientes, de toda lesión que sufran en cualquiera de sus bienes y derechos causados por el funcionamiento normal o anormal de los servicios públicos:

a) En todo caso.
b) Salvo en los casos de fuerza mayor.
c) Salvo en los casos de daños que el particular tenga el deber jurídico de soportar de acuerdo con la Ley.
d) Salvo en los casos de fuerza mayor o de daños que el particular tenga el deber jurídico de soportar de acuerdo con la Ley.

4. En los procedimientos de reclamación de responsabilidad de las Administraciones Públicas:

a) Cuando las Administraciones Públicas decidan iniciarlo de oficio será necesario que primeramente haya prescrito el derecho a la reclamación del interesado.

b) El procedimiento iniciado no se podrá instruir si los particulares presuntamente lesionados no se personan en el plazo establecido.

c) Los interesados solo podrán solicitar el inicio de un procedimiento de responsabilidad patrimonial, cuando no haya prescrito su derecho a reclamar.

d) El acuerdo de iniciación del procedimiento no precisa la notificación a los particulares presuntamente lesionados.

5. ¿Qué órgano fija el importe de las indemnizaciones que proceda abonar cuando el Tribunal Constitucional haya declarado, a instancia de parte interesada, la existencia de un funcionamiento anormal en la tramitación de los recursos de amparo o de las cuestiones de inconstitucionalidad?

a) El Consejo de Ministros.

b) El Tribunal Supremo.

c) El Ministerio de Justicia.

d) El Consejo de Estado.

6. En relación con las indemnizaciones a particulares por las Administraciones Públicas, no es cierto que:

a) Solo serán indemnizables las lesiones producidas al particular provenientes de daños que este no tenga el deber jurídico de soportar de acuerdo con la Ley.

b) Serán indemnizables los daños que se deriven de hechos o circunstancias que no se hubiesen podido prever o evitar según el estado de los conocimientos de la ciencia o de la técnica existente en el momento de producción de aquellos.

c) La cuantía de la indemnización se calculará con referencia al día en que la lesión efectivamente se produjo sin perjuicio de su actualización a la fecha en que se ponga fin al procedimiento de responsabilidad con arreglo al índice de precios al consumo y de los intereses que procedan por demora en el pago de la indemnización fijada.

d) La indemnización procedente podrá sustituirse por una compensación en especie o ser abonada mediante pagos periódicos si conviene al interés público y siempre que exista acuerdo con el interesado.

7. El derecho a reclamar prescribe por el transcurso, a partir desde que se produjo el acto o hecho que motivare la indemnización o de manifestarse su efecto lesivo, de:

a) 6 meses.

b) 1 año.

c) 2 años.

d) 3 años.

8. En cuanto a la iniciación de oficio del procedimiento para exigir la responsabilidad de una Administración Pública, se notificará el acuerdo de iniciación a los particulares presuntamente lesionados para que aporten cuantas alegaciones, documentos o información estimen conveniente a su derecho en un plazo de:

a) 7 días.
b) 10 días.
c) 20 días.
d) 30 días.

9. El instructor de un procedimiento para exigir responsabilidad a una Administración Pública, podrá solicitar cuantos informes estime necesarios para resolver, siendo obligatorio recabar informe del servicio cuyo funcionamiento haya ocasionado la presunta lesión indemnizable, no pudiendo exceder el plazo de su emisión de:

a) 7 días.
b) 10 días.
c) 20 días.
d) 30 días.

10. En el procedimiento para la exigencia de la responsabilidad de las autoridades y personal al servicio de las Administraciones Públicas, se abrirá un plazo de alegaciones de un plazo de:

a) 10 días.
b) 15 días.
c) 5 días.
d) 20 días.

En MADTEST tienes **más preguntas de este tema**, y todos tus avances quedan registrados y se reflejan en el ranking.

¡Supera tus límites con MADTEST!

Solución al test n.º 10

1. c) Artículo 33.

2. a) Artículo 9.

3. d) Salvo en los casos de fuerza mayor o de daños que el particular tenga el deber jurídico de soportar de acuerdo con la Ley.

4. c) Los interesados solo podrán solicitar el inicio de un procedimiento de responsabilidad patrimonial, cuando no haya prescrito su derecho a reclamar.

5. a) El Consejo de Ministros.

6. b) Serán indemnizables los daños que se deriven de hechos o circunstancias que no se hubiesen podido prever o evitar según el estado de los conocimientos de la ciencia o de la técnica existente en el momento de producción de aquellos.

7. b) 1 año.

8. b) 10 días.

9. b) 10 días.

10. b) 15 días.

TEST N.º 11

Las Leyes del Procedimiento Administrativo Común de las Administraciones Públicas y del Régimen Jurídico del Sector Público. Procedimiento administrativo común y su alcance: iniciación, ordenación, instrucción y terminación. La obligación de resolver. El silencio administrativo

1. Los que tuvieren la condición de interesados en un procedimiento administrativo, podrán conocer del estado de la tramitación del mismo:

a) En el trámite de audiencia.
b) En el trámite de información pública.
c) En cualquier momento
d) Solo cuando lo permita el instructor del procedimiento.

2. Las medidas provisionales adoptadas antes de la iniciación del procedimiento administrativo, deberán ser confirmadas, modificadas o levantadas en el acuerdo de iniciación del procedimiento, que deberá efectuarse:

a) Dentro de los quince días siguientes a su adopción, pudiendo ser recurrido.
b) Dentro de los veinte días siguientes a su adopción, pudiendo de ser recurrido.
c) Dentro de los diez días siguientes a su adopción, sin posibilidad de ser recurrido.
d) Dentro de los veinte días siguientes a su adopción, sin posibilidad de ser recurrido.

3. Cuando el acuerdo de iniciación del procedimiento no contenga un pronunciamiento expreso acerca de las medidas provisionales previas, dichas medidas:

a) Se mantendrán, hasta la fase de alegaciones.
b) Se mantendrán, salvo que haya recurso pendiente.
c) Se prorrogaran por quince días.
d) Quedarán sin efecto.

4. Los procedimientos de naturaleza sancionadora se iniciarán:

a) De oficio o a instancia de parte.
b) Siempre a instancia de parte.
c) Siempre de oficio.
d) En virtud de denuncia.

5. Si la solicitud de iniciación del procedimiento administrativo no reúne los requisitos recogidos en la Ley 39/2015 u otros exigidos por la legislación específica aplicable:

a) Se inadmitirá la solicitud presentada por el interesado.

b) Se le dará un plazo de cinco días para que vuelva a presentar la solicitud correctamente.

c) Se le dará un plazo de veinte días para que subsane la falta o acompañe los documentos preceptivos.

d) Se le dará un plazo de diez días para que subsane la falta o acompañe los documentos preceptivos.

6. ¿Suspenderá la tramitación del procedimiento las cuestiones incidentales que se susciten en el mismo?

a) No.

b) Sí.

c) No, salvo las que se refieran a la nulidad de actuaciones.

d) No, incluso las relativas a la recusación no se suspenderán.

7. Señala cuál de las siguientes no podrá adoptarse como medidas provisionales en un procedimiento administrativo:

a) Embargo preventivo de bienes.

b) Inmovilización de cosa mueble.

c) Retirada o intervención de bienes productivos.

d) Suspensión definitiva de actividades.

8. El interesado en el procedimiento administrativo tiene derecho:

a) A formular alegaciones y a utilizar los medios de defensa admitidos por el Ordenamiento Jurídico en cualquier fase del procedimiento.

b) A formular alegaciones, a utilizar los medios de defensa admitidos por el Ordenamiento Jurídico, y a aportar documentos en cualquier fase del procedimiento anterior al trámite de audiencia.

c) A formular alegaciones y a utilizar los medios de defensa admitidos por el Ordenamiento Jurídico en cualquier fase del procedimiento, pero solo podrá aportar documentos con posterioridad al trámite de audiencia.

d) A formular alegaciones y a utilizar los medios de defensa admitidos por el Ordenamiento Jurídico en cualquier fase del procedimiento anterior al dictado de la resolución por la que se pone fin al procedimiento.

9. Contra el acuerdo de acumulación de procedimientos:

a) Cabe recurso de revisión.

b) Cabe recurso extraordinario de revisión.

c) No cabe recurso alguno.

d) Cabe recurso de alzada.

10. Los procedimientos administrativos que no tengan naturaleza sancionadora se podrán iniciar:

a) Por acuerdo del órgano competente o a petición razonada de otros órganos.

b) Por acuerdo del órgano competente, bien por propia iniciativa o como consecuencia de orden superior, a petición razonada de otros órganos o por denuncia.

c) Por denuncia solamente.

d) De oficio siempre.

En MADTEST tienes **más preguntas de este tema**, y todos tus avances quedan registrados y se reflejan en el ranking.

¡Supera tus límites con MADTEST!

Solución al test n.º 11

1. c) En cualquier momento.

2. a) Dentro de los quince días siguientes a su adopción, pudiendo ser recurrido.

3. d) Quedarán sin efecto.

4. c) Siempre de oficio.

5. d) Se le dará un plazo de diez días para que subsane la falta o acompañe los documentos preceptivos.

6. a) No.

7. d) Suspensión definitiva de actividades.

8. b) A formular alegaciones, a utilizar los medios de defensa admitidos por el Ordenamiento Jurídico, y a aportar documentos en cualquier fase del procedimiento anterior al trámite de audiencia.

9. c) No cabe recurso alguno.

10. b) Por acuerdo del órgano competente, bien por propia iniciativa o como consecuencia de orden superior, a petición razonada de otros órganos o por denuncia.

TEST N.º 12

Los derechos de los ciudadanos en el procedimiento administrativo. Las garantías en el desarrollo del procedimiento. La revisión de los actos en vía administrativa: revisión de oficio y recursos administrativos

1. La revisión de las disposiciones dictadas por las Administraciones Públicas en vía administrativa supone:

a) La anulabilidad de los actos y disposiciones siempre que no hayan sido recurridos en plazo.

b) La estimación de las reclamaciones efectuadas por los particulares cuando haya transcurrido el plazo sin que se hubiera dictado la resolución correspondiente.

c) La declaración de oficio de la nulidad de los actos administrativos que pongan fin a la vía administrativa.

d) La posibilidad de que la nulidad de los actos administrativos sea declarada mediante dictamen del Consejo de Estado u órgano consultivo equivalente de la Comunidad Autónoma.

2. Transcurridos seis meses desde que la Administración inició de oficio el procedimiento de revisión de una disposición administrativa o un acto nulo, sin dictarse resolución, se producirá:

a) La prescripción del derecho del interesado a reclamar.

b) La nulidad *ipso iure* de la disposición o acto.

c) La desestimación de la pretensión ejercitada en el mismo.

d) La caducidad del procedimiento.

3. En los procedimientos de revisión de disposiciones administrativas y actos nulos, no será preceptiva la intervención del Consejo de Estado u órgano equivalente de la Comunidad Autónoma:

a) Cuando la nulidad sea declarada de oficio pero a instancias de interesado.

b) Para acordar motivadamente la inadmisión a trámite de las solicitudes formuladas por los interesados, siempre que no se basen en una nulidad de pleno derecho.

c) En los supuestos en que la nulidad dimane de una vulneración de normas de rango superior.

d) Para acordar motivadamente la inadmisión a trámite de las solicitudes formuladas por los interesados en cualquier caso.

4. Cuando una disposición administrativa haya sido declarada nula, el particular afectado por el acto en cuestión:

a) Tendrá derecho a ser indemnizado, siempre que el daño causado sea efectivo, evaluable, individualizado y no hubiera tenido el deber jurídico de soportarlo.

b) Será indemnizado, si en la resolución que así lo declare se reconoce ese derecho.

c) No será indemnizado en ningún caso, pues subsisten las consecuencias de los actos firmes dictados en aplicación de la misma.

d) Deberá ser indemnizado en todo caso y por el simple hecho de la declaración de nulidad, pues al serle aplicada una norma manifiestamente ilegal, el perjuicio o daño se presume.

5. El plazo para declarar de oficio la nulidad de los actos administrativos que hayan puesto fin a la vía administrativa o que no hayan sido recurridos en su momento oportuno, es:

a) De seis meses.

b) De cuatro años.

c) De cuatro años para los que no hayan sido recurridos en plazo e indefinidamente para los que pongan fin a la vía administrativa.

d) *Sine die*, es decir, no existe plazo alguno para ello.

6. La declaración de lesividad de los actos administrativos favorables a los interesados:

a) Supone la nulidad automática de los mismos, sin necesidad de recabar dictamen del Consejo de Estado u órgano consultivo equivalente de la Comunidad Autónoma.

b) Reconoce el derecho de los particulares a ser indemnizados como consecuencia de los daños y perjuicios que les haya causado la aplicación de los actos declarados nulos.

c) Permite a las Administraciones Públicas impugnar ante la Jurisdicción Contencioso-Administrativa dichos actos.

d) Es la Resolución por la que se declara la anulabilidad de los mismos.

7. Los actos administrativos con defectos de forma pero con los requisitos formales indispensables para alcanzar su fin, sin causar indefensión de los interesados:

a) Serán declarados lesivos para el interés público si ha beneficiado al interesado o interesados.

b) Son anulables, previa declaración de lesividad y el dictamen favorable del Consejo de Estado u órgano consultivo equivalente de la Comunidad Autónoma.

c) Son nulos de pleno derecho.

d) No son anulables, por lo general.

8. La lesividad de un acto administrativo podrá declararse:

a) A los cuatro años desde su dictado.
b) Antes de los seis meses desde que se dictó.
c) Cuatro años después de conocido el vicio que lo invalida.
d) En cualquier momento.

9. El transcurso del plazo previsto para la resolución del procedimiento en el que se declare la lesividad del acto, sin haberse acordado la misma, supone:

a) La anulabilidad del acto administrativo.
b) La nulidad del acto administrativo.
c) La firmeza del acto administrativo.
d) La caducidad del procedimiento administrativo.

10. La competencia para declarar la lesividad de un acto emanado de una entidad de las que integran la Administración Local corresponde:

a) Al Alcalde de la Corporación.
b) Al Pleno de la Corporación.
c) Al órgano individual superior de la Corporación.
d) Al Consejo de Estado u órgano consultivo equivalente de la Comunidad Autónoma.

En MADTEST tienes **más preguntas de este tema**, y todos tus avances quedan registrados y se reflejan en el ranking.

¡Supera tus límites con MADTEST!

Solución al test n.º 12

1. c) La declaración de oficio de la nulidad de los actos administrativos que pongan fin a la vía administrativa.

2. d) La caducidad del procedimiento.

3. b) Para acordar motivadamente la inadmisión a trámite de las solicitudes formuladas por los interesados, siempre que no se basen en una nulidad de pleno derecho.

4. a) Tendrá derecho a ser indemnizado, siempre que el daño causado sea efectivo, evaluable, individualizado y no hubiera tenido el deber jurídico de soportarlo.

5. d) Sine die, es decir, no existe plazo alguno para ello.

6. c) Permite a las Administraciones Públicas impugnar ante la Jurisdicción Contencioso Administrativa dichos actos.

7. d) No son anulables, por lo general.

8. a) A los cuatro años desde su dictado.

9. d) La caducidad del procedimiento administrativo.

10. b) Al Pleno de la Corporación.

La jurisdicción contencioso-administrativa: funciones, órganos y competencias. El recurso contencioso-administrativo. Actividad administrativa impugnable. Las partes: capacidad, legitimación, representación y defensa

1. El plazo previsto por la Ley reguladora de la Jurisdicción Contencioso-Administrativa para interponer el recurso contencioso-administrativo contra un acto presunto es de:

a) Un mes.
b) Dos meses.
c) Seis meses.
d) Ninguno, al ser imposible atacar los actos presuntos en esta vía jurisdiccional.

2. La Jurisdicción Contencioso-Administrativa, en cuanto a la responsabilidad patrimonial de la Administración Pública cuando esta actúe como persona de Derecho privado:

a) Solo actúa subsidiariamente, tras la Jurisdicción Ordinaria.
b) Es plenamente competente.
c) Carece de competencia alguna.
d) Con carácter alternativo, a expensas del propio afectado, intervendrá.

3. El reconocimiento a una persona de la condición de parte en un proceso concreto deriva de su:

a) Capacidad procesal.
b) Legitimación.
c) Postulación.
d) Todo lo anterior.

4. La impugnación indirecta, en vía jurisdiccional, de un Reglamento, cuando previamente no se ha impugnado directamente:

a) Es perfectamente válida.
b) Solo se permite cuando incurra en nulidad de pleno derecho.

c) Está prohibida en nuestro ordenamiento jurídico.

d) Solo se admite cuando la efectúe la propia Administración Pública, tras declaración de lesividad.

5. La declaración de lesividad, a efectos del recurso contencioso-administrativo, se considera:

a) Diligencia preliminar.
b) Alegación previa.
c) Recurso previo.
d) Nada de lo anterior.

6. Los actos administrativos que sean reproducción de otros anteriores definitivos y firmes, a efectos del recurso contencioso-administrativo:

a) No son susceptibles del mismo.
b) Son perfectamente impugnables.
c) Solo pueden impugnarse si producen indefensión.
d) Nada de lo expuesto es correcto.

7. El plazo que se concede para alegaciones previas se computa desde el/la:

a) Emplazamiento de las partes.
b) Emplazamiento para contestar a la demanda.
c) Escrito de interposición del recurso.
d) Presentación de la demanda.

8. Contra el Auto desestimatorio de las alegaciones previas, es posible recurso de:

a) Ningún tipo.
b) Revisión.
c) Casación.
d) Súplica.

9. Si de la contestación a la demanda resultaran nuevos hechos de trascendencia para la resolución del pleito, el recurrente podrá pedir el recibimiento a prueba y expresar los medios de prueba que se propongan dentro de los siguientes días a aquel en que se haya dado traslado de la misma:

a) Veinte días.
b) Dos meses.
c) Treinta días.
d) Cinco días.

10. En defecto de vista, se efectúa/an:

a) Alegaciones.
b) Prueba documental.
c) Conclusiones escritas.
d) Todo lo anterior.

En MADTEST tienes **más preguntas de este tema**, y todos tus avances quedan registrados y se reflejan en el ranking.

¡Supera tus límites con MADTEST!

Solución al test n.º 13

1. c) Seis meses.

2. b) Es plenamente competente.

3. b) Legitimación.

4. a) Es perfectamente válida.

5. a) Diligencia preliminar.

6. a) No son susceptibles del mismo.

7. b) Emplazamiento para contestar a la demanda.

8. a) Ningún tipo.

9. d) Cinco días.

10. c) Conclusiones escritas.

V. Administración de Recursos Humanos

TEST N.º 1

El personal al servicio de las Administraciones públicas: concepto y clases. Adquisición y pérdida de la relación de servicio. Régimen jurídico

1. ¿De qué forma se aprobó la vigente Ley del Estatuto Básico del Empleado Público?

a) Por una Ley Orgánica.
b) Mediante un Texto Refundido.
c) Mediante una Ley de Bases.
d) Por un Real Decreto-Ley.

2. El vigente texto refundido de la Ley del Estatuto Básico del Empleado Público fue aprobado por:

a) Real Decreto Legislativo 5/2015, de 30 de octubre.
b) Real Decreto Legislativo 2/2015, de 23 de octubre.
c) Real Decreto Legislativo 3/2015, de 23 de octubre.
d) Real Decreto Legislativo 6/2015, de 30 de octubre.

3. ¿Cuántos títulos contiene el Texto Refundido de la Ley del Estatuto Básico del Empleado Público?

a) 5 títulos.
b) 8 títulos.
c) 10 títulos.
d) 12 títulos.

4. El título I del Texto Refundido de la Ley del Estatuto Básico del Empleado Público trata de:

a) Las clases de personal.
b) Los derechos de los empleados públicos.
c) El objeto y el ámbito de aplicación.
d) Los órganos competentes en materia de función pública.

5. El empleo en el sector público se caracteriza por estar configurado por un modelo:

a) Unitario de personal funcionario.
b) Unitario de personal estatutario.
c) Dual de regímenes jurídicos, personal funcionario y personal laboral.
d) De tres regímenes jurídicos, personal funcionario, personal laboral y personal de designación.

6. El EBEP contiene:

a) Aquello que es común al conjunto de los empleados públicos de todas las Administraciones Públicas.
b) Las normas legales específicas aplicables a los empleados públicos de todas las Administraciones Públicas.
c) Aquello que es común al conjunto de los funcionarios de todas las Administraciones Públicas, más las normas legales específicas aplicables al personal laboral a su servicio.
d) Aquello que es común al conjunto del personal laboral de todas las Administraciones Públicas, más las normas legales específicas aplicables al personal funcionario a su servicio.

7. Según su artículo 1.1, es objeto del EBEP establecer las .... del régimen estatutario de los funcionarios públicos incluidos en su ámbito de aplicación. Señalar la palabra que falta en la anterior frase:

a) Peculiaridades.
b) Especialidades.
c) Excepciones.
d) Bases.

8. Se regirá por la legislación específica dictada por el Estado y por las comunidades autónomas en el ámbito de sus respectivas competencias y por lo previsto en el EBEP, excepto el capítulo II del título III (salvo el artículo 20), y los artículos 22.3, 24 y 84:

a) El personal funcionario de las Universidades Públicas.
b) El personal funcionario y en lo que proceda el personal laboral al servicio de las Administraciones de las entidades locales.
c) El personal estatutario de los servicios de salud.
d) El personal funcionario y laboral al servicio de las Administraciones de las comunidades autónomas.

9. Para todo el personal de las Administraciones Públicas no incluido en su ámbito de aplicación, el EBEP tendrá carácter:

a) Consultivo.
b) Voluntario.

c) Supletorio.
d) Interpretativo.

10. Las disposiciones del EBEP sólo se aplicarán directamente cuando así lo disponga su legislación específica al siguiente personal:

a) El personal funcionario de las entidades locales.
b) El personal estatutario de los Servicios de Salud.
c) Personal de las Fuerzas y Cuerpos de Seguridad.
d) El personal docente.

En MADTEST tienes **más preguntas de este tema**, y todos tus avances quedan registrados y se reflejan en el ranking.

¡Supera tus límites con MADTEST!

Solución al test n.º 1

1. b) Mediante un Texto Refundido.

2. a) Real Decreto Legislativo 5/2015, de 30 de octubre.

3. b) 8 títulos.

4. c) El objeto y el ámbito de aplicación.

5. c) Dual de regímenes jurídicos, personal funcionario y personal laboral.

6. c) Aquello que es común al conjunto de los funcionarios de todas las Administraciones Públicas, más las normas legales específicas aplicables al personal laboral a su servicio.

7. d) Bases.

8. c) El personal estatutario de los servicios de salud.

9. c) Supletorio.

10. c) Personal de las Fuerzas y Cuerpos de Seguridad.

TEST N.º 2

Derechos y deberes del personal al servicio de las Administraciones Públicas. Régimen disciplinario

1. El título III del EBEP se refiere a:

a) Los derechos y deberes. Código de conducta de los empleados públicos.
b) Los derechos retributivos.
c) La adquisición y pérdida de la relación de servicio.
d) La cooperación entre las Administraciones Públicas.

2. A tenor del artículo 14 del EBEP los empleados públicos tienen derecho:

a) A la inamovilidad en la condición de funcionario de carrera.
b) A la formación continua y a la actualización permanente de sus conocimientos y capacidades profesionales, preferentemente fuera del horario laboral.
c) A la libertad de expresión, sin restricción alguna.
d) A participar en la consecución de los objetivos atribuidos a la unidad donde preste sus servicios y a ser consultado por sus superiores por las tareas a desarrollar.

3. Los empleados públicos tienen derecho a la libertad de expresión:

a) En los términos que establezca una ley.
b) En los términos que se establezcan reglamentariamente.
c) A través de sus representantes sindicales.
d) Dentro de los límites del ordenamiento jurídico.

4. Conforme al EBEP, los funcionarios públicos tendrán un permiso por enfermedad grave de un familiar dentro del segundo grado de consanguinidad o afinidad, de:

a) Tres días naturales.
b) Tres días hábiles.

c) Cuatro días hábiles.
d) Cinco días hábiles.

5. Los funcionarios públicos tendrán un permiso por matrimonio de:

a) 10 días.
b) 15 días.
c) 20 días.
d) 30 días.

6. Por ser preciso atender el cuidado de un familiar de primer grado, por razones de enfermedad muy grave y por el plazo máximo de un mes, el funcionario tendrá derecho a solicitar, con carácter retribuido, una reducción de:

a) Hasta el 50 % de la jornada laboral.
b) 2 horas diarias.
c) 4 horas diarias.
d) Hasta 5 horas diarias.

7. Por lactancia de un hijo menor de doce meses los funcionarios públicos tendrán derecho, según el EBEP, a:

a) 30 minutos de ausencia del trabajo, al inicio o al final de la jornada.
b) 1 hora de ausencia del trabajo, infraccionable.
c) 1 hora de ausencia del trabajo que podrá dividir en dos fracciones.
d) 2 horas de ausencia del trabajo que podrá dividir en dos fracciones de una hora cada una.

8. ¿Hasta qué edad del hijo puede disfrutarse la parte adicional de 2 semanas (o 4 en monoparentalidad) del permiso por nacimiento para la madre biológica?

a) Hasta los 6 años.
b) Hasta los 8 años.
c) Hasta los 10 años.
d) Hasta los 12 años.

9. Por accidente grave de un familiar de primer grado de consanguinidad o afinidad, los funcionarios públicos tendrán derecho a un permiso de:

a) 2 días hábiles.
b) 3 días hábiles.
c) 4 días hábiles.
d) 5 días hábiles.

10. Señala la opción incorrecta. Por razones de guarda legal, el funcionario tendrá derecho a la reducción de su jornada de trabajo, con la disminución de sus retribuciones que corresponda, cuando tenga el cuidado directo de:

a) Algún menor de doce años.

b) Hijo prematuro o que por cualquier causa deba permanecer hospitalizado a continuación del parto.

c) Persona con discapacidad que no desempeñe actividad retribuida.

d) Persona mayor que requiera especial dedicación.

En MADTEST tienes **más preguntas de este tema**, y todos tus avances quedan registrados y se reflejan en el ranking.

¡Supera tus límites con MADTEST!

Solución al test n.º 2

1. a) Los derechos y deberes. Código de conducta de los empleados públicos.

2. a) A la inamovilidad en la condición de funcionario de carrera.

3. d) Dentro de los límites del ordenamiento jurídico.

4. c) Cuatro días hábiles.

5. b) 15 días.

6. a) Hasta el 50 % de la jornada laboral.

7. c) 1 hora de ausencia del trabajo que podrá dividir en dos fracciones.

8. b) Hasta los 8 años.

9. d) 5 días hábiles.

10. b) Hijo prematuro o que por cualquier causa deba permanecer hospitalizado a continuación del parto.

Planificación de recursos humanos. Ofertas de empleo público. Selección de personal. Las competencias en materia de personal

1. Conforme al artículo 69 del EBEP, un objetivo de la planificación de los recursos humanos en las Administraciones Públicas es contribuir a la consecución de la eficacia:

a) En la utilización de los recursos económicos disponibles.
b) En la prestación de los servicios.
c) En la organización del trabajo.
d) En la distribución de los efectivos.

2. Señala la opción incorrecta. En virtud del artículo 69.2 del EBEP, las Administraciones Públicas podrán aprobar Planes para la ordenación de sus recursos humanos que incluyan, entre otras medidas, el análisis de las disponibilidades y necesidades de personal desde los siguientes puntos de vista:

a) De los niveles de cualificación.
b) Del número de efectivos.
c) De los perfiles profesionales.
d) De la productividad media de los efectivos.

3. Entre las medidas a incluir en los Planes para la ordenación de los recursos humanos de las Administraciones Públicas, el artículo 69.2.b) del EBEP menciona las previsiones sobre los sistemas de organización del trabajo y modificaciones de:

a) Estructuras de puestos de trabajo.
b) Los perfiles profesionales.
c) Baremos y requisitos exigidos en las bases de las convocatorias.
d) Composición de los tribunales.

4. La Oferta de empleo público o instrumento similar, se aprobará:

a) Al menos una vez cada 3 años, por los órganos de Gobierno de las Administraciones Públicas.
b) Anualmente, por ley de las Cortes Generales o del Parlamento de la Comunidad Autónoma correspondiente.

c) Anualmente, por los órganos de Gobierno de las Administraciones Públicas.

d) Al menos una vez cada 2 años, por el órgano responsable en materia de Función Pública de la Administración Pública correspondiente.

5. La Oferta de empleo público o instrumento similar:

a) Deberá ser publicada en el Diario oficial correspondiente.

b) Deberá ser publicada en el BOE y, en su caso, en el Diario oficial correspondiente.

c) Al menos deberá ser publicada en el BOE.

d) Deberá ser publicada en un diario oficial.

6. La oferta de empleo público debe fijar:

a) El plazo máximo para la convocatoria de los correspondientes procesos selectivos.

b) La composición de los órganos de selección que se harán cargo de los correspondientes procesos selectivos.

c) Las bases generales por las que se regirá cada uno de los correspondientes procesos selectivos.

d) Los sistemas de selección que se han de utilizar para cada uno de los correspondientes procesos selectivos.

7. A los efectos del Registro de personal y la gestión integrada de recursos humanos, la Administración General del Estado y las Comunidades Autónomas deberán, respecto a las Entidades Locales que no cuenten con la suficiente capacidad financiera o técnica:

a) Sustituirlas.

b) Agregarlas.

c) Transferirles personal y medios.

d) Cooperar con ellas.

8. El artículo 71.1 del EBEP prevé la constitución de un Registro de personal:

a) Único para todas las Administraciones Públicas.

b) En cada Administración Pública.

c) A nivel de Comunidad Autónoma.

d) Únicamente a nivel estatal.

9. Señala la opción incorrecta. Conforme al artículo 73 del EBEP, las Administraciones Públicas podrán asignar a su personal funciones, tareas o responsabilidades distintas a las correspondientes al puesto de trabajo que desempeñen siempre que:

a) Resulten adecuadas a su clasificación, grado o categoría.

b) Las necesidades del servicio lo justifiquen.

c) No haya merma en las retribuciones.

d) No se prolonguen más de 3 meses.

10. Conforme al artículo 73.3 del EBEP, para ordenar la selección, la formación y la movilidad, los puestos de trabajo podrán agruparse en función de:

a) Su ubicación.
b) Sus características.
c) El sexo de los empleados.
d) La edad de los empleados.

En MADTEST tienes **más preguntas de este tema**, y todos tus avances quedan registrados y se reflejan en el ranking.

¡Supera tus límites con MADTEST!

Solución al test n.º 3

1. b) En la prestación de los servicios.

2. d) De la productividad media de los efectivos.

3. a) Estructuras de puestos de trabajo.

4. c) Anualmente, por los órganos de Gobierno de las Administraciones Públicas.

5. a) Deberá ser publicada en el Diario oficial correspondiente.

6. a) El plazo máximo para la convocatoria de los correspondientes procesos selectivos.

7. d) Cooperar con ellas.

8. b) En cada Administración Pública.

9. d) No se prolonguen más de 3 meses.

10. b) Sus características.

TEST N.º 4

Formas de provisión de puestos de trabajo y movilidad en la Administración del Estado. Promoción interna y carrera profesional

1. Según el artículo 79.1 del EBEP, el procedimiento normal de provisión de los puestos de trabajo del personal funcionario de carrera es:

a) El concurso-oposición.
b) La libre designación.
c) La oposición.
d) El concurso.

2. Cuando por motivos excepcionales los planes de ordenación de recursos impliquen cambio de lugar de residencia se dará prioridad a:

a) La reagrupación familiar.
b) La voluntariedad de los traslados.
c) La antigüedad.
d) Las cargas familiares.

3. La provisión de puestos de trabajo en cada Administración Pública se llevará a cabo por los procedimientos de:

a) Oposición y concurso-oposición.
b) Concurso, oposición y concurso-oposición.
c) Concurso y de libre designación con convocatoria pública.
d) Traslado forzoso y movilidad.

4. Según el Reglamento General de Ingreso del Personal al servicio de la Administración General del Estado y de Provisión de Puestos de Trabajo y Promoción Profesional de los Funcionarios Civiles de la Administración general del Estado, los nombramientos de puestos provistos por libre designación deberán efectuarse en un plazo máximo contado desde la finalización del de presentación de solicitudes, de:

a) 15 días hábiles.
b) 7 días naturales.

c) 20 días naturales.
d) 1 mes, prorrogable hasta un mes más.

5. Las funcionarias víctimas de violencia de género que se vean obligadas a abandonar el puesto de trabajo en la localidad donde venían prestando sus servicios, para hacer efectiva su protección o el derecho a la asistencia social integral, tendrán derecho al traslado a otro puesto de trabajo propio de su cuerpo, escala o categoría profesional, de análogas características, sin necesidad de que sea vacante de necesaria cobertura. Este traslado tendrá la consideración de:

a) Traslado voluntario.
b) Traslado forzoso.
c) Traslado definitivo.
d) Permuta.

6. Los funcionarios de carrera que obtengan destino en otra Administración Pública a través de los procedimientos de movilidad quedarán, respecto de su Administración de origen, en la situación administrativa de:

a) Servicio en otras Administraciones Públicas.
b) Servicios especiales.
c) Excedencia forzosa.
d) Servicio activo.

7. Las funcionarias víctimas de violencia de género tendrán derecho a la reserva del puesto de trabajo que desempeñaran:

a) Durante los 2 primeros meses.
b) Durante los 3 primeros meses.
c) Durante los 6 primeros meses.
d) Durante todo el tiempo que dure esta situación de excedencia.

8. Si la comisión de servicios de carácter voluntario implica cambio de residencia del funcionario, el cese y la toma de posesión deberán producirse dentro de un plazo, desde la notificación del acuerdo de comisión de servicios, de:

a) 3 días.
b) 8 días.
c) 15 días.
d) 1 mes.

9. Salvo casos excepcionales, la comisión de servicios para participar en programas o misiones de cooperación internacional al servicio de Organizaciones internacionales, Entidades o Gobiernos extranjeros, no será superior a:

a) 6 meses.
b) 1 año.

c) 2 años.
d) 3 años.

10. En virtud del artículo 81.2 del EBEP, la Administración General del Estado podrá trasladar a sus funcionarios, por necesidades de servicio o funcionales, a unidades, departamentos u organismos públicos o entidades distintos a los de su destino, respetando sus retribuciones, condiciones esenciales de trabajo, modificando, en su caso, la adscripción de los puestos de trabajo de los que sean titulares:

a) Por ley.
b) Por Real Decreto.
c) Por Orden ministerial.
d) Motivadamente.

En MADTEST tienes **más preguntas de este tema**, y todos tus avances quedan registrados y se reflejan en el ranking.

¡Supera tus límites con MADTEST!

Solución al test n.º 4

1. d) El concurso.

2. b) La voluntariedad de los traslados.

3. c) Concurso y de libre designación con convocatoria pública.

4. d) 1 mes, prorrogable hasta un mes más.

5. b) Traslado forzoso.

6. a) Servicio en otras Administraciones Públicas.

7. c) Durante los 6 primeros meses.

8. b) 8 días.

9. a) 6 meses.

10. d) Motivadamente.

TEST N.º 5

Situaciones administrativas del personal al servicio de las administraciones públicas. Incompatibilidades

1. ¿Cuál de los siguientes títulos del Estatuto Básico del Empleado Público trata de las situaciones administrativas?

a) Título III.
b) Título V.
c) Título VI.
d) Título VII.

2. Cuando adquieran la condición de funcionarios al servicio de organizaciones internacionales, los funcionarios de carrera serán declarados en situación de:

a) Excedencia.
b) Servicios especiales.
c) Servicio en otras Administraciones Públicas.
d) Servicio activo.

3. A tenor del artículo 89 del EBEP, no es una modalidad de excedencia de los funcionarios de carrera:

a) Excedencia por nacimiento o adopción de un hijo.
b) Excedencia por razón de violencia de género o de violencia sexual.
c) Excedencia voluntaria por agrupación familiar.
d) Excedencia por razón de violencia terrorista.

4. Cuando finalizada la causa que determinó el pase a una situación distinta a la de servicio activo, se incumpla la obligación de solicitar el reingreso al servicio activo en el plazo en que se determine reglamentariamente:

a) El interesado perderá la condición de funcionario.
b) Procederá declarar de oficio la excedencia voluntaria por interés particular.
c) Procederá declarar de oficio la suspensión de funciones.
d) Se entenderá que renuncia a la condición de funcionario.

5. En relación con la excedencia voluntaria por razones de interés particular, de los funcionarios de carrera, es cierto que:

a) Les será computable el tiempo que permanezcan en tal situación a efectos de derechos en el régimen de Seguridad Social que les sea de aplicación.

b) Podrá declararse cuando al funcionario público se le instruya expediente disciplinario.

c) La concesión de excedencia voluntaria por interés particular quedará subordinada a las necesidades del servicio debidamente motivadas.

d) Su duración no podrá ser superior a tres años.

6. En relación con la excedencia por cuidado de familiares, es cierto que:

a) En el caso de que dos funcionarios generasen el derecho a disfrutarla por el mismo sujeto causante, no se les podrá limitar el uso íntegro y simultáneo de la misma.

b) El tiempo de permanencia en esta situación no será computable a efectos de trienios, carrera y derechos en el régimen de Seguridad Social que sea de aplicación.

c) Los funcionarios en esta situación no podrán participar en los cursos de formación que convoque la Administración.

d) El período de excedencia será único por cada sujeto causante. Cuando un nuevo sujeto causante diera origen a una nueva excedencia, el inicio del período de la misma pondrá fin al que se viniera disfrutando.

7. La funcionaria en excedencia por violencia de género tendrá derecho a percibir las retribuciones íntegras y, en su caso, las prestaciones familiares por hijo a cargo:

a) Durante los dos primeros meses de esta excedencia.

b) Durante los seis primeros meses.

c) Durante un año.

d) Durante todo el tiempo que permanezca en esta situación.

8. La suspensión firme por sanción disciplinaria no podrá exceder de:

a) 2 años.

b) 3 años.

c) 6 años.

d) 10 años.

9. Las leyes de Función Pública que se dicten en desarrollo del EBEP podrán regular otras situaciones administrativas de los funcionarios de carrera, cuando concurra, entre otras, una de las circunstancias siguientes:

a) Cuando los funcionarios pasen a prestar servicios en organismos o entidades del sector público en régimen de funcionario de carrera.

b) Cuando por razones organizativas, de reestructuración interna o exceso de personal, resulte una imposibilidad permanente de asignar un puesto de trabajo.

c) Cuando por razones organizativas, de reestructuración interna o falta de personal, resulte la conveniencia de desmotivar la cesación en el servicio activo.

d) Cuando los funcionarios accedan, bien por promoción interna o por otros sistemas de acceso, a otros cuerpos o escalas y no les corresponda quedar en alguna de las situaciones previstas en el EBEP.

10. Quienes prestan servicios en su condición de funcionarios públicos cualquiera que sea la Administración u organismo público o entidad en el que se encuentren destinados y no les corresponda quedar en otra situación, es que se hallan en situación de:

a) Excedencia forzosa.
b) Servicio activo.
c) Excedencia voluntaria.
d) Comisión de servicios.

En MADTEST tienes **más preguntas de este tema**, y todos tus avances quedan registrados y se reflejan en el ranking.

¡Supera tus límites con MADTEST!

Solución al test n.º 5

1. c) Título VI.

2. b) Servicios especiales.

3. a) Excedencia por nacimiento o adopción de un hijo.

4. b) Procederá declarar de oficio la excedencia voluntaria por interés particular.

5. c) La concesión de excedencia voluntaria por interés particular quedará subordinada a las necesidades del servicio debidamente motivadas.

6. d) El período de excedencia será único por cada sujeto causante. Cuando un nuevo sujeto causante diera origen a una nueva excedencia, el inicio del período de la misma pondrá fin al que se viniera disfrutando.

7. a) Durante los dos primeros meses de esta excedencia.

8. c) 6 años.

9. d) Cuando los funcionarios accedan, bien por promoción interna o por otros sistemas de acceso, a otros cuerpos o escalas y no les corresponda quedar en alguna de las situaciones previstas en el EBEP.

10. b) Servicio activo.

TEST N.º 6

**El sistema de retribuciones de los funcionarios.
Retribuciones básicas y retribuciones complementarias.
Las indemnizaciones por razón del servicio**

1. Las Administraciones Públicas podrán destinar cantidades hasta el porcentaje de la masa salarial que se fije en las correspondientes Leyes de Presupuestos Generales del Estado a financiar aportaciones a planes de pensiones de empleo o contratos de seguro colectivos; estas cantidades tendrán a todos los efectos la consideración de:

a) Retribución básica.
b) Retribución complementaria.
c) Indemnización.
d) Retribución diferida.

2. ¿Cuál de las siguientes retribuciones complementarias corresponde al nivel del puesto que desempeñe el funcionario?

a) Complemento específico.
b) Complemento de destino.
c) Complemento de productividad.
d) Gratificación por servicios extraordinarios.

3. La cantidad que se devenga diariamente para satisfacer los gastos que origina la estancia fuera de la residencia oficial producida por una comisión de servicio desempeñada por personal de las Fuerzas Armadas o de las Fuerzas y Cuerpos de Seguridad del Estado, formando unidad, recibe el nombre de:

a) Dieta.
b) Desplazamiento.
c) Plus.
d) Gasto reservado.

4. Para los empleados públicos, toda comisión con derecho a indemnización, salvo casos excepcionales, no durará más de:

a) Un mes en territorio nacional y de tres meses en el extranjero.
b) Un mes en territorio nacional y de seis meses en el extranjero.
c) Tres meses en territorio nacional y de seis meses en el extranjero.
d) Seis meses en territorio nacional y de un año en el extranjero.

5. Las retribuciones de los funcionarios en prácticas:

a) Se corresponderán a las del sueldo del Subgrupo o Grupo, en el supuesto de que este no tenga Subgrupo, en que aspiren a ingresar.
b) No podrán superar las del sueldo del Subgrupo o Grupo, en el supuesto de que este no tenga Subgrupo, en que aspiren a ingresar.
c) Se determinarán de acuerdo con la legislación laboral, el convenio colectivo que sea aplicable y el contrato de trabajo.
d) Como mínimo, se corresponderán a las del sueldo del Subgrupo o Grupo, en el supuesto de que este no tenga Subgrupo, en que aspiren a ingresar.

6. El artículo 24 de la Ley 30/1984, señala que el sueldo de los funcionarios del grupo A no podrá exceder al sueldo de los funcionarios del grupo E:

a) En más del doble.
b) En más de tres veces.
c) En más de cuatro veces.
d) En más del quíntuple.

7. La cuantía y estructura de las retribuciones complementarias de los funcionarios se establecerán por:

a) Ley estatal.
b) Las correspondientes leyes de cada Administración Pública.
c) Real Decreto del Consejo de Ministros.
d) Decreto del correspondiente Consejo de Gobierno de la Administración Autonómica.

8. No se incluye en la paga extraordinaria de los funcionarios el importe correspondiente a una mensualidad:

a) De los trienios.
b) Del complemento por la incompatibilidad exigible para el desempeño de determinados puestos de trabajo.
c) Del complemento por el esfuerzo con que el funcionario desempeña su trabajo.
d) Del complemento por la progresión alcanzada por el funcionario dentro del sistema de carrera administrativa.

9. Los funcionarios de carrera que, en situación de activo o de servicios especiales, ocupen puestos de trabajo reservados a personal eventual percibirán:

a) Las retribuciones básicas correspondientes a su grupo o subgrupo de clasificación, incluidos trienios, en su caso, y las retribuciones complementarias que correspondan al puesto de trabajo que desempeñen.

b) Las retribuciones básicas correspondientes al puesto de trabajo que desempeñan, y las retribuciones complementarias que correspondan a su grupo o subgrupo de clasificación.

c) Las retribuciones básicas y complementarias correspondientes a su grupo o subgrupo de clasificación.

d) Las retribuciones básicas y complementarias que correspondan al puesto de trabajo que desempeñen.

10. Cuando el nombramiento de funcionarios en prácticas recaiga en funcionarios de carrera de otro Cuerpo o Escala de grupos y/o subgrupos de titulación inferior a aquel en que se aspira a ingresar, durante el tiempo correspondiente al período de prácticas o el curso selectivo:

a) No podrán percibir trienios hasta adquirir la condición de funcionario de carrera en el nuevo Cuerpo o Escala ni se les computará el tiempo correspondiente al período de prácticas o el curso selectivo a efectos de trienios o derechos pasivos.

b) Podrán continuar percibiendo los trienios computados anteriormente pero no se les computará el tiempo correspondiente al período de prácticas o el curso selectivo a efectos de trienios o derechos pasivos.

c) No podrán percibir trienios hasta adquirir la condición de funcionario de carrera en el nuevo Cuerpo o Escala, pero se les computará el tiempo correspondiente al período de prácticas o el curso selectivo a efectos de consolidación de trienios y de derechos pasivos, como servido en el nuevo Cuerpo o Escala en el caso de que, de manera efectiva, se adquiera la condición de funcionario de carrera en estos últimos.

d) Continuarán percibiendo los trienios en cada momento perfeccionados computándose dicho tiempo, a efectos de consolidación de trienios y de derechos pasivos, como servido en el nuevo Cuerpo o Escala en el caso de que, de manera efectiva, se adquiera la condición de funcionario de carrera en estos últimos.

En MADTEST tienes **más preguntas de este tema**, y todos tus avances quedan registrados y se reflejan en el ranking.

¡Supera tus límites con MADTEST!

Solución al test n.º 6

1. d) Retribución diferida.

2. b) Complemento de destino.

3. c) Plus.

4. a) Un mes en territorio nacional y de tres meses en el extranjero.

5. d) Como mínimo, se corresponderán a las del sueldo del Subgrupo o Grupo, en el supuesto de que este no tenga Subgrupo, en que aspiren a ingresar.

6. b) En más de tres veces.

7. b) Las correspondientes leyes de cada Administración Pública.

8. c) Del complemento por el esfuerzo con que el funcionario desempeña su trabajo.

9. a) Las retribuciones básicas correspondientes a su grupo o subgrupo de clasificación, incluidos trienios, en su caso, y las retribuciones complementarias que correspondan al puesto de trabajo que desempeñen.

10. d) Continuarán percibiendo los trienios en cada momento perfeccionados computándose dicho tiempo, a efectos de consolidación de trienios y de derechos pasivos, como servido en el nuevo Cuerpo o Escala en el caso de que, de manera efectiva, se adquiera la condición de funcionario de carrera en estos últimos.

TEST N.º 7

El personal laboral al servicio de las Administraciones públicas: su régimen jurídico. El IV Convenio Único para el personal laboral al servicio de la Administración General del Estado: ámbito de aplicación y sistema de clasificación

1. El personal laboral al servicio de las Administraciones Públicas se rige, además de por la legislación laboral y por las demás normas convencionalmente aplicables, por los preceptos de:

a) El Real Decreto Legislativo 2/2012, de 1 de abril, por el que se aprueba la Ley del Estatuto Básico del Empleado Público.
b) La Ley 7/2007 de 10 de abril, por la que se aprueba la Ley del Estatuto Básico del Empleado Público.
c) La Ley 6/2005 de 12 de mayo, por la que se aprueba el Texto refundido de la Ley del Estatuto Básico del Empleado Público.
d) El Real Decreto Legislativo 5/2015, de 30 de octubre, por el que se aprueba el Texto refundido de la Ley del Estatuto Básico del Empleado Público.

2. El Texto Refundido de la Ley del Estatuto de los Trabajadores, se aprobó por:

a) Decreto Legislativo 3/2013, de 27 de enero.
b) Real Decreto Legislativo 2/2015, de 23 de octubre.
c) Real Decreto Legislativo 7/2010, de 22 de junio.
d) Decreto Legislativo 9/2014, de 2 de marzo.

3. Indique a qué personal no resulta de aplicación el IV Convenio Colectivo Único para el personal laboral de la Administración General del Estado:

a) Al personal laboral del Consejo de Seguridad Nuclear.
b) Al personal laboral de la Agencia de Protección de Datos.
c) Al personal laboral que presta servicios en el exterior.
d) Al personal que presta servicios en la Administración de Justicia.

4. ¿En qué plazo, a partir de la concesión de una permuta, no podrá autorizarse otra a cualquiera de los interesados?

a) En el plazo de dos años.
b) En el plazo de tres años.
c) En el plazo de cuatro años.
d) En el plazo de cinco años.

5. Según IV Convenio, los trabajadores incluidos en su ámbito, siempre que la duración de la jornada diaria continuada sea de al menos cinco horas y media, tendrán derecho a una pausa de:

a) Veinte minutos.
b) Treinta minutos.
c) Quince minutos.
d) Cuarenta minutos.

6. En las jornadas de turno de noche los trabajadores disfrutarán de:

a) Dos pausas de veinte minutos, que no podrán acumularse.
b) Una pausa de cuarenta minutos.
c) Dos pausas de veinte minutos, que podrán acumularse.
d) Dos pausas de quince minutos.

7. Las horas extraordinarias se compensarán preferentemente con:

a) Tiempo de descanso acumulable a razón de dos horas y media por cada una realizada.
b) Tiempo de descanso acumulable a razón de tres horas por cada una realizada.
c) Tiempo de descanso acumulable a razón de tres horas y media por cada una realizada.
d) Tiempo de descanso acumulable a razón de dos horas por cada una realizada.

8. En los casos de horas extraordinarias nocturnas o en días festivos, se compensarán preferentemente con:

a) Dos horas y media de descanso por cada una realizada.
b) Tres horas de descanso por cada una realizada.
c) Tres horas y media de descanso por cada una realizada.
d) Ninguna de las respuestas anteriores es correcta.

9. Cuando la realización de horas extraordinarias se compense por períodos de descanso, ¿en qué plazo, desde la realización de las horas extraordinarias, deberá compensarse?:

a) En el plazo de un mes.
b) En el plazo de tres meses.

c) En el plazo de dos meses.
d) En el plazo de cuatro meses.

10. Las vacaciones anuales retribuidas, por cada año completo de servicio, serán de:

a) Un mes natural o veintitrés días hábiles.
b) Veintidós días hábiles.
c) Veinte días hábiles.
d) Un mes natural o veinticuatro días hábiles.

En MADTEST tienes **más preguntas de este tema**, y todos tus avances quedan registrados y se reflejan en el ranking.

¡Supera tus límites con MADTEST!

Solución al test n.º 7

1. d) El Real Decreto Legislativo 5/2015, de 30 de octubre, por el que se aprueba el Texto refundido de la Ley del Estatuto Básico del Empleado Público.

2. b) Real Decreto Legislativo 2/2015, de 23 de octubre.

3. c) Al personal laboral que presta servicios en el exterior.

4. d) En el plazo de cinco años.

5. b) Treinta minutos.

6. a) Dos pausas de veinte minutos, que no podrán acumularse.

7. d) Tiempo de descanso acumulable a razón de dos horas por cada una realizada.

8. a) Dos horas y media de descanso por cada una realizada.

9. d) En el plazo de cuatro meses.

10. b) Veintidós días hábiles.

TEST N.º 8

Negociación colectiva, representación y participación institucional de los empleados públicos. El derecho de huelga y su ejercicio

1. Completa la siguiente frase: "Los empleados públicos tienen derecho a la negociación colectiva, representación y .... para la determinación de sus condiciones de trabajo":

a) Evaluación del desempeño.
b) Huelga.
c) Participación institucional.
d) Convenio.

2. Quedan excluidas de la obligatoriedad de la negociación colectiva:

a) Las normas que fijen los criterios y mecanismos generales en materia de evaluación del desempeño.
b) Los criterios generales para la determinación de prestaciones sociales y pensiones de clases pasivas.
c) Los criterios generales sobre ofertas de empleo público.
d) La determinación de condiciones de trabajo del personal directivo.

3. Las Juntas de Personal se constituirán en unidades electorales que cuenten con un censo mínimo de:

a) 15 funcionarios.
b) 25 funcionarios.
c) 30 funcionarios.
d) 50 funcionarios.

4. El derecho a participar, a través de las organizaciones sindicales, en los órganos de control y seguimiento de las entidades u organismos que legalmente se determine, es lo que el EBEP denomina:

a) Negociación colectiva.
b) Participación institucional.

c) Representación.
d) Derecho de reunión.

5. En las Mesas de Negociación, las partes están obligadas a negociar bajo el principio de:

a) El interés general.
b) Representación equilibrada.
c) Reconocimiento mutuo.
d) La buena fe.

6. Tal y como señala el artículo 46 del EBEP, están legitimados para convocar una reunión los empleados públicos de las Administraciones respectivas en número no inferior:

a) Al 10 % del colectivo convocado.
b) Al 20 % del colectivo convocado.
c) Al 30 % del colectivo convocado.
d) Al 40 % del colectivo convocado.

7. A tenor del artículo 39 del EBEP los órganos específicos de representación de los funcionarios son:

a) Los Comités de Empresa y los Delegados de Prevención.
b) Los Delegados de Personal y las Juntas de Personal.
c) Las Mesas Generales de Negociación y las Mesas Sectoriales.
d) Los Comités de Personal y los Delegados de Servicio.

8. ¿Cuántos Delegados de Personal se elegirán en una unidad electoral con 41 funcionarios?

a) 1.
b) 2.
c) 3.
d) Entre 40 y 100 funcionarios se elige una Junta de Personal con 5 representantes.

9. Los miembros de las Juntas de Personal y los Delegados de Personal de una unidad administrativa con menos de 100 funcionarios, tendrán derecho dentro de la jornada de trabajo, a un crédito de:

a) 8 horas mensuales.
b) 10 horas mensuales.
c) 12 horas mensuales.
d) 15 horas mensuales.

10. El mandato de los miembros de las Juntas de Personal y de los Delegados de Personal, en su caso, será de:

a) 3 años.
b) 4 años.
c) 5 años.
d) 7 años.

En MADTEST tienes **más preguntas de este tema**, y todos tus avances quedan registrados y se reflejan en el ranking.

¡Supera tus límites con MADTEST!

Solución al test n.º 8

1. c) Participación institucional.

2. d) La determinación de condiciones de trabajo del personal directivo.

3. d) 50 funcionarios.

4. b) Participación institucional.

5. d) La buena fe.

6. d) Al 40 % del colectivo convocado.

7. b) Los Delegados de Personal y las Juntas de Personal.

8. c) 3.

9. d) 15 horas mensuales.

10. b) 4 años.

El régimen especial de la Seguridad Social de los funcionarios civiles del Estado. MUFACE y las clases pasivas: acción protectora. Concepto y clases de prestaciones. Derechos pasivos

1. ¿Qué norma aprobó el Estatuto de Clases Pasivas?

a) Ley General de Mutualidades de 1941.
b) Ley de Bases de 1963.
c) Real Decreto Legislativo 8/2015.
d) Real Decreto-Ley de 22 de octubre de 1926.

2. Los funcionarios locales quedaron integrados en el Régimen General por:

a) La Ley de Bases de 1963.
b) El Real Decreto 480/1993.
c) El EBEP.
d) El TRLGSS de 2015.

3. ¿Qué funcionarios interinos están en el Régimen General de la Seguridad Social?

a) Los nombrados antes de 1965.
b) Los de Clases Pasivas.
c) Los nombrados con posterioridad a 1 de enero de 1965.
d) Ninguno.

4. El personal estatutario de los servicios de salud se integra en:

a) MUFACE.
b) ISFAS.
c) Régimen de Clases Pasivas.
d) Régimen General de la Seguridad Social.

5. ¿Hasta qué fecha se mantienen los derechos pasivos del Régimen de Clases Pasivas?

a) 1 de enero de 2011.
b) 30 de junio de 1990.

c) 31 de diciembre de 2010.
d) 31 de diciembre de 2017.

6. ¿Qué mutualidades continúan operando tras la integración en el Régimen General?

a) MUFACE, MUGEJU e ISFAS.
b) INSS y TGSS.
c) Montepíos históricos.
d) MUNPAL.

7. El Régimen Especial de Funcionarios Civiles del Estado comprende:

a) Solo el mutualismo administrativo.
b) Solo Clases Pasivas.
c) Mutualismo administrativo y Clases Pasivas.
d) El Régimen General.

8. ¿Qué norma aprueba el Reglamento General del Mutualismo Administrativo?

a) Real Decreto 1726/2007.
b) Real Decreto 375/2003.
c) Real Decreto 480/1993.
d) Real Decreto 1086/1989.

9. MUFACE depende del:

a) Ministerio de Sanidad.
b) Ministerio de Justicia.
c) Ministerio para la Transformación Digital y de la Función Pública.
d) Ministerio de Inclusión y Seguridad Social.

10. MUFACE tiene personalidad jurídica:

a) Privada.
b) Mixta.
c) Pública diferenciada.
d) Dependiente sin autonomía.

En MADTEST tienes **más preguntas de este tema**, y todos tus avances quedan registrados y se reflejan en el ranking.

¡Supera tus límites con MADTEST!

Solución al test n.º 9

1. d) Real Decreto-Ley de 22 de octubre de 1926.

2. b) El Real Decreto 480/1993.

3. c) Los nombrados con posterioridad a 1 de enero de 1965.

4. d) Régimen General de la Seguridad Social.

5. c) 31 de diciembre de 2010.

6. a) MUFACE, MUGEJU e ISFAS.

7. c) Mutualismo administrativo y Clases Pasivas.

8. b) Real Decreto 375/2003.

9. c) Ministerio para la Transformación Digital y de la Función Pública.

10. c) Pública diferenciada.

TEST N.º 10

Acceso al empleo público y provisión de puestos de trabajo de las personas con discapacidad

1. Según el artículo 1.3 del RD 2271/2004, de 3 de diciembre, por el que se regula el acceso al empleo público y la provisión de puestos de trabajo de las personas con discapacidad, el acceso de las personas con discapacidad al empleo público al que se refiere este real decreto se inspirará en los principios de igualdad de oportunidades, no discriminación, accesibilidad universal y:

a) Compensación de desventajas.
b) Compatibilidad.
c) Equilibrio.
d) Permanencia.

2. Según el artículo 59 del EBEP, en las ofertas de empleo público se reservará un cupo no inferior al siguiente porcentaje de las vacantes para ser cubiertas entre personas con discapacidad:

a) 2%.
b) 3%.
c) 5%.
d) 7%.

3. La reserva de plazas en las ofertas de empleo público para personas con discapacidad se realizará de manera que, al menos sean para ser cubiertas por personas que acrediten discapacidad intelectual un porcentaje del:

a) 1 %.
b) 2 %.
c) 3 %.
d) 5 %.

4. En relación con las pruebas selectivas por el cupo de reserva de personas con discapacidad, no es cierto que:

a) En el supuesto de que alguno de los aspirantes con discapacidad superase los ejercicios correspondientes, pero no obtuviera plaza y su puntuación fuera superior a la obtenida por otros aspirantes del sistema de acceso general, será incluido por su orden de puntuación en el sistema de acceso general.

b) Las pruebas selectivas tendrán idéntico contenido para todos los aspirantes, independientemente del turno por el que se opte.

c) Durante el procedimiento selectivo se dará un único tratamiento de los dos turnos, en lo que se refiere a las relaciones de admitidos, los llamamientos a los ejercicios y la relación de aprobados.

d) En el ámbito de la Administración General del Estado, el órgano convocante podrá solicitar al Ministerio competente en materia de Función Pública la realización de convocatorias independientes, no supeditadas a las ordinarias, en las que las plazas estarán reservadas a personas con discapacidad.

5. Según el RD 2271/2004, es cierto que:

a) Las pruebas selectivas tendrán idéntico contenido para todos los aspirantes, independientemente del turno por el que se opte, sin perjuicio de las correspondientes adaptaciones.

b) Durante el procedimiento selectivo se dará el mismo tratamiento a los dos turnos, en lo que se refiere a las relaciones de admitidos, los llamamientos a los ejercicios y la relación de aprobados.

c) Al finalizar el proceso, se elaborará una relación por cada uno de los turnos, en los que se incluirán los candidatos que hayan superado todas las pruebas selectivas, ordenados por la puntuación total obtenida.

d) Las plazas reservadas para personas con discapacidad deberán incluirse dentro de las convocatorias de plazas de ingreso ordinario.

6. El artículo 6 del RD 2271/2004, prevé la reserva de un cupo no inferior al cinco por ciento de las plazas para ser cubiertas entre personas con discapacidad, en las convocatorias de plazas por personal temporal que incluyan fase de oposición y en las que se convoquen, en un mismo ámbito de participación, como mínimo:

a) 10 plazas.
b) 20 plazas.
c) 25 plazas.
d) 30 plazas.

7. Entre los criterios de valoración que se establezcan para la participación en los cursos de formación de empleados públicos que realicen las organizaciones del sector público estatal se incluirá el de estar afectado por una discapacidad cuyo grado de minusvalía sea igual o superior al 33 por ciento. Para el desarrollo de dichos cursos, se realizarán las adaptaciones y ajustes razonables necesarios para que las personas con discapacidad participen en condiciones de igualdad en los procesos formativos. Los participantes deberán formular la petición concreta en la solicitud de participación, de modo que:

a) Dicha petición, en ningún caso podrá ser denegada.
b) La Administración sólo podrá denegarla cuando la adaptación favorezca a un único participante.

c) Sólo podrá denegarse cuando suponga una carga desproporcionada.

d) Sólo podrá denegarse cuando se trate de una discapacidad poco usual.

8. Conforme al artículo 13 del RD 2271/2004, el Ministerio competente en materia de función pública establecerá un sistema de indicadores y registros que permita disponer de información estadística del acceso e ingreso de personas con discapacidad al empleo público, exacta, actualizada y:

a) Con perspectiva de género.

b) Accesible.

c) Fácilmente entendible.

d) Global.

9. Conforme al artículo 13 del RD 2271/2004, el Ministerio competente en materia de función pública elaborará un informe balance en el que constará toda la información y las estadísticas relevantes producidas en el período sobre acceso de personas con discapacidad al empleo público:

a) Al comienzo de cada legislatura.

b) Anualmente.

c) Cada dos años.

d) Cada cuatro años.

10. El informe balance elaborado por el Ministerio competente en materia de función pública, en el que constará toda la información y las estadísticas relevantes producidas en el período sobre acceso de personas con discapacidad al empleo público, se elevará, para su conocimiento, a:

a) A las Cortes Generales.

b) Al resto de Ministerios.

c) Al Observatorio Estatal de la Discapacidad.

d) A la Comisión Superior de Personal y al Consejo Nacional de la Discapacidad.

En MADTEST tienes **más preguntas de este tema**, y todos tus avances quedan registrados y se reflejan en el ranking.

¡Supera tus límites con MADTEST!

Solución al test n.º 10

1. a) Compensación de desventajas.

2. d) 7%.

3. b) 2 %.

4. c) Durante el procedimiento selectivo se dará un único tratamiento de los dos turnos, en lo que se refiere a las relaciones de admitidos, los llamamientos a los ejercicios y la relación de aprobados.

5. a) Las pruebas selectivas tendrán idéntico contenido para todos los aspirantes, independientemente del turno por el que se opte, sin perjuicio de las correspondientes adaptaciones.

6. b) 20 plazas.

7. c) Sólo podrá denegarse cuando suponga una carga desproporcionada.

8. d) Global.

9. b) Anualmente.

10. d) A la Comisión Superior de Personal y al Consejo Nacional de la Discapacidad.

VI. Gestión Financiera y Seguridad Social

TEST N.º 1

El presupuesto. Concepto y clases. La Ley General Presupuestaria: principios generales y estructura. Las leyes de estabilidad presupuestaria

1. Según el artículo 134.3 de la CE, el Gobierno deberá presentar ante el Congreso de los Diputados los Presupuestos Generales del Estado al menos:

a) 2 meses después de elaborar el proyecto.
b) 3 meses después de elaborar el proyecto.
c) 3 meses antes de la expiración de los del año anterior.
d) Ninguna de las anteriores respuesta es correcta.

2. Según la CE, corresponde a las Cortes Generales:

a) El examen de los PGE.
b) La elaboración de los PGE.
c) La sanción de los PGE.
d) Ninguna de las respuestas es correcta.

3. Los Presupuestos contienen:

a) Una previsión de los gastos a atender en un período de tiempo.
b) Una previsión de ingresos.
c) Una estimación de gastos e ingresos.
d) Los gastos que se prevén en el ejercicio y un resumen de lo aplicado en el ejercicio anterior.

4. Al decir que el Presupuesto es una previsión normativa, entendemos que:

a) Se trata de una estimación de gastos e ingresos del ejercicio.
b) Se trata de un plan financiero.
c) Supone un equilibrio contable entre gastos e ingresos.
d) Las respuestas a) y b) son correctas.

5. Son características del Presupuesto:

a) El equilibrio contable entre gastos e ingresos.
b) Se expresa en lenguaje contable.
c) Es un acto de previsión.
d) Todas las respuestas son correctas.

6. Podemos clasificar los Presupuestos:

a) Por Objetivos.
b) Por Sistemas.
c) En Base Cero.
d) Las respuestas a) y c) son correctas.

7. El Presupuesto por funciones tiene por objeto:

a) Ordenar el gasto de acuerdo con una clasificación por funciones de las actividades públicas.
b) Se pueden establecer comparaciones del comportamiento del sector público en el espacio y en el tiempo.
c) Informar con brevedad y claridad sobre los propósitos perseguidos.
d) Todas las respuestas son correctas.

8. De acuerdo con el artículo 134.1 de la CE:

a) Corresponde a las Cortes el examen y aprobación de los PGE.
b) Corresponde al Gobierno la enmienda al Proyecto.
c) Corresponde al Senado el debate del Presupuesto en materia de financiación autonómica.
d) Corresponde a las Cortes la redacción y formación del Presupuesto.

9. La Ley General Presupuestaria vigente es la:

a) 58/2003.
b) 47/2003.
c) 2/2014.
d) Ninguna de las respuestas es correcta.

10. El PPBS se define:

a) Como un presupuesto que expone los programas de acción de cada Centro o Unidad Administrativa, indicando cada uno su dotación monetaria en recursos humanos y materiales que necesita.
b) La presentación de un plan de gasto o ingresos justificados de sus departamentos o centros.
c) Un sistema que obliga a cada centro a justificar las peticiones de gastos efectuados.
d) Como un tipo de presupuesto, cuya existencia se debe a Musgrave.

En MADTEST tienes **más preguntas de este tema**, y todos tus avances quedan registrados y se reflejan en el ranking.

¡Supera tus límites con MADTEST!

Solución al test n.º 1

1. c) 3 meses antes de la expiración de los del año anterior.

2. a) El examen de los PGE.

3. c) Una estimación de gastos e ingresos.

4. d) Las respuestas a) y b) son correctas.

5. d) Todas las respuestas son correctas.

6. d) Las respuestas a) y c) son correctas.

7. d) Todas las respuestas son correctas.

8. a) Corresponde a las Cortes el examen y aprobación de los PGE.

9. b) 47/2003.

10. a) Como un presupuesto que expone los programas de acción de cada Centro o Unidad Administrativa, indicando cada uno su dotación monetaria en recursos humanos y materiales que necesita.

TEST N.º 2

Las leyes anuales de presupuestos. Su contenido. El presupuesto del Estado. Principios de programación y de gestión. Contenido, elaboración y estructura. Desglose de aplicaciones presupuestarias

1. Los Presupuestos Generales del Estado constituyen la expresión cifrada, conjunta y sistemática de:

a) Las obligaciones que, como máximo, pueden reconocer el Estado y sus Organismos Autónomos y los derechos que se prevean liquidar durante el correspondiente ejercicio.
b) La totalidad de las obligaciones que haya de atender la Seguridad Social.
c) Las estimaciones de gastos e ingresos a realizar por las Sociedades Estatales.
d) Todas las respuestas anteriores son correctas.

2. Corresponde el examen, enmienda, y aprobación de los Presupuestos Generales del Estado, según el art.134.1 de la Constitución:

a) Al Gobierno.
b) Al Estado.
c) A las Cortes Generales.
d) Al Tribunal de Cuentas.

3. Conforme al principio de presupuesto bruto:

a) Se ha de disponer de un cuadro único de ingreso y pagos.
b) El presupuesto debe contener la totalidad de los gastos y los ingresos, de forma separada.
c) Los ingresos y gastos deben reflejarse en el Presupuesto, sin detracción alguna, por su importe íntegro.
d) Los ingresos y gastos de la Hacienda Pública están incluidos en un único presupuesto.

4. No es un principio político presupuestario:

a) Especialidad.
b) Especificación.

c) Unidad.

d) Competencia.

5. El principio de universalidad:

a) Establece que el presupuesto debe contener la totalidad de los gastos y los ingresos, de forma separada.

b) Significa el disponer de un cuadro único de ingresos y pagos que permita una visión clara de la posición financiera del grupo político.

c) Quiere decir que todos los recursos asignados en el presupuesto a un determinado objetivo deberán invertirse exclusivamente en dicha finalidad.

d) Ninguna de las respuestas anteriores es correcta.

6. Según el principio de ejercicio cerrado:

a) Al Presupuesto de un ejercicio solo pueden imputarse ingresos o gastos reconocidos o generados en el año natural.

b) Se ha de disponer de un cuadro único de ingresos y pagos.

c) El Presupuesto debe contener la totalidad de los gastos e ingresos.

d) Las previsiones de ingresos deben cubrir los gastos presupuestados.

7. El principio de claridad:

a) Establece que el presupuesto debe contener la totalidad de los gastos y los ingresos, de forma separada.

b) Significa el disponer de un cuadro único de ingresos y pagos que permita una visión clara de la posición financiera del grupo político.

c) Quiere decir que todos los recursos asignados en el presupuesto a un determinado objetivo deberán invertirse exclusivamente en dicha finalidad.

d) Quiere decir que el presupuesto debe estructurarse de tal forma que las diferentes partidas presupuestarias de ingresos y gastos permitan el reconocimiento inmediato de su procedencia y finalidad.

8. Conforme al principio de unidad de caja:

a) Se ha de disponer de un cuadro único de ingresos y pagos.

b) El presupuesto debe contener la totalidad de los gastos y los ingresos, de forma separada.

c) Los ingresos y gastos deben reflejarse en el Presupuesto, sin detracción alguna, por su importe íntegro.

d) Todos los recursos y gastos de la Hacienda Pública están no solamente incluidos en un solo presupuesto, sino que se dirigen o parten de una sola caja.

9. Según el principio de especificación:

a) Al Presupuesto de un ejercicio solo pueden imputarse ingresos o gastos reconocidos o generados en el año natural.

b) Se ha de disponer de un cuadro único de ingresos y pagos.

c) Se prohíbe la realización de cualquier clase de transferencia entre las diversas partidas contables que integran el presupuesto.

d) Las previsiones de ingresos deben cubrir los gastos presupuestados.

10. La Ley General Presupuestaria está regulada por:

a) Ley 42/2003, de 26 de noviembre, General Presupuestaria.

b) Ley 47/2003, de 26 de noviembre, General Presupuestaria.

c) Decreto 47/2003, de 26 de diciembre, General Presupuestaria.

d) Ley 43/2007, de 26 de diciembre, General Presupuestaria.

En MADTEST tienes **más preguntas de este tema**, y todos tus avances quedan registrados y se reflejan en el ranking.

¡Supera tus límites con MADTEST!

Solución al test n.º 2

1. d) Todas las respuestas anteriores son correctas.

2. c) A las Cortes Generales.

3. c) Los ingresos y gastos deben reflejarse en el Presupuesto, sin detracción alguna, por su importe íntegro.

4. b) Especificación.

5. a) Establece que el presupuesto debe contener la totalidad de los gastos y los ingresos, de forma separada.

6. a) Al Presupuesto de un ejercicio solo pueden imputarse ingresos o gastos reconocidos o generados en el año natural.

7. d) Quiere decir que el presupuesto debe estructurarse de tal forma que las diferentes partidas presupuestarias de ingresos y gastos permitan el reconocimiento inmediato de su procedencia y finalidad.

8. d) Todos los recursos y gastos de la Hacienda Pública están no solamente incluidos en un solo presupuesto, sino que se dirigen o parten de una sola caja.

9. c) Se prohíbe la realización de cualquier clase de transferencia entre las diversas partidas contables que integran el presupuesto.

10. b) Ley 47/2003, de 26 de noviembre, General Presupuestaria.

TEST N.º 3

Gastos plurianuales. Modificaciones de los créditos iniciales. Transferencias de crédito. Créditos extraordinarios. Suplementos de crédito. Ampliaciones de créditos. Incorporaciones de créditos. Generaciones de créditos

1. ¿Cuál de las siguientes afirmaciones no es correcta?

a) Los gastos plurianuales excepcionan el principio de anualidad.
b) Debido a la excepcionalidad de este tipo de gastos, no es necesario que se subordine a la existencia de crédito aprobado para cada ejercicio por los PGE.
c) Su ejecución se ha de iniciar en el propio ejercicio.
d) Los gastos plurianuales están regulados en el artículo 47 de la LGP.

2. Las limitaciones cuantitativas establecidas para los gastos plurianuales:

a) Se pueden modificar por el Gobierno, a propuesta del Ministro de Hacienda y Función Pública.
b) Se pueden modificar por el Gobierno, a propuesta del Ministro del que dependa el gasto imputado.
c) Se pueden alterar por razones de utilidad pública o interés social.
d) Son inmodificables.

3. El número de ejercicios a que pueden aplicarse los gastos plurianuales no pueden ser más de:

a) 3 años.
b) 4 años.
c) 2 años.
d) 5 años.

4. Los créditos para gastos no afectados al cumplimiento de obligaciones ya reconocidas:

a) Se anulan de pleno derecho si no están afectados el último día del ejercicio.
b) Es un principio que no tiene excepción alguna.

c) Se pueden incorporar cuando se trate de créditos destinados a inversiones reales.
d) Se pueden incorporar si se trata de créditos destinados a inversiones financieras.

5. ¿Qué artículo regula la incorporación de créditos?

a) El artículo 53 de la LGP.
b) El artículo 52 de la LGP.
c) El artículo 63 de la LGT.
d) El artículo 58 de la LGP.

6. Son incorporables:

a) Los créditos extraordinarios y suplementos de crédito concedidos en el último mes del ejercicio presupuestario.
b) Los derivados de retenciones efectuadas para la financiación de créditos extraordinarios o suplementos de crédito, cuando haya sido anticipado su pago de acuerdo con el procedimiento previsto en la LGP y las leyes de concesión hayan quedado pendientes de aprobación por el Parlamento al final del ejercicio presupuestario.
c) Cuando así lo disponga una norma de rango legal.
d) Todas las respuestas son correctas.

7. Son requisitos de los créditos extraordinarios y suplementos de crédito:

a) Que el gasto no se demore hasta el ejercicio siguiente.
b) Que no exista crédito o sea insuficiente o no ampliable.
c) El Gobierno remite a las Cortes Generales un informe sobre la modificación ya aprobada.
d) El dictamen del Consejo de Estado es preceptivo y vinculante.

8. Indique cuál de estas afirmaciones es correcta, en relación con los anticipos de tesorería:

a) Se conceden por el Ministro de Economía y Empresa a propuesta del Ministro correspondiente.
b) No pueden superar el 1 % de los créditos reconocidos por la Ley de PGE.
c) No pueden superar el 1 % de los créditos comprometidos por la Ley de PGE.
d) No pueden superar el 1 % de los créditos autorizados por la Ley de PGE.

9. Las modificaciones presupuestarias quedan básicamente reguladas en:

a) La LGP.
b) La Ley de Presupuestos.
c) La LGT.
d) Las respuestas a) y b) son correctas.

10. ¿Qué ingresos pueden generar crédito?

a) Nunca pueden generar crédito.
b) Las prestaciones de servicios.
c) La emisión de Deuda Pública.
d) Los créditos de todo tipo destinados a inversiones públicas.

En MADTEST tienes **más preguntas de este tema**, y todos tus avances quedan registrados y se reflejan en el ranking.

¡Supera tus límites con MADTEST!

Solución al test n.º 3

1. b) Debido a la excepcionalidad de este tipo de gastos, no es necesario que se subordine a la existencia de crédito aprobado para cada ejercicio por los PGE.

2. a) Se pueden modificar por el Gobierno, a propuesta del Ministro de Hacienda.

3. b) 4 años.

4. a) Se anulan de pleno derecho si no están afectados el último día del ejercicio.

5. d) El artículo 58 de la LGP.

6. d) Todas las respuestas son correctas.

7. a) Que el gasto no se demore hasta el ejercicio siguiente.

8. d) No pueden superar el 1 % de los créditos autorizados por la Ley de PGE.

9. d) Las respuestas a) y b) son correctas.

10. b) Las prestaciones de servicios.

TEST N.º 4

Control del gasto público en España. La Intervención General de la Administración del Estado. Función interventora, control financiero permanente y auditoría pública. El Tribunal de Cuentas

1. El artículo 144 de la Ley 47/2003, de 26 de noviembre, General Presupuestaria se refiere al procedimiento de resolución de las diferencias que puedan surgir en el ejercicio de la función interventora entre el órgano de control y el órgano de gestión controlado. En relación con dicho procedimiento, ¿cuál de las siguientes afirmaciones es cierta?

a) Las discrepancias entre la Intervención General de la Administración del Estado y el órgano de gestión controlado se resuelven acudiendo a la administración de justicia.

b) La solución de diferencias que puedan presentarse en el ejercicio de control se resuelven por el procedimiento contradictorio.

c) Las discrepancias entre la Intervención General de la Administración del Estado y el órgano de gestión controlado se resuelven acudiendo al Tribunal de Cuentas.

d) El órgano de gestión controlado debe acatar obligatoriamente las instrucciones que emanen de la Intervención General de la Administración del Estado.

2. El artículo 150 de la Ley 47/2003, de 26 de noviembre, General Presupuestaria se refiere a las modalidades de ejercicio de la función interventora. ¿Cuáles son?

a) La función interventora se ejerce en sus modalidades de control previo y a posteriori.

b) La función interventora se ejerce en sus modalidades de control preventivo y correctivo.

c) La función interventora se ejerce en sus modalidades de intervención formal y material.

d) La función interventora se ejerce en sus modalidades de control interno y externo.

3. El artículo 151 de la Ley 47/2003, de 26 de noviembre, enumera los gastos que no están sometidos a fiscalización previa, entre los que se encuentran:

a) Entre otros, los gastos correspondientes a atenciones protocolarias y representativas.

b) Entre otros, subvenciones en que se acrediten razones de interés público, social, económico o humanitario, u otras debidamente justificadas que dificulten su convocatoria pública.

c) Entre otros, los contratos de acceso a base de datos y de suscripción a publicaciones que no tengan el carácter de contratos sujetos a regulación armonizada.

d) Entre otros, las prestaciones sociales, que comprenden pensiones a funcionarios y familias, de carácter civil y militar.

4. Actualmente la fiscalización de requisitos básicos se regula en el Acuerdo de Consejo de Ministros de 30 de mayo de 2008. En su punto primero se incluyen las comprobaciones que se deben realizar con carácter general en la fiscalización e intervención previa de la autorización de gastos y reconocimiento de obligaciones. ¿Cuál de las siguientes comprobaciones no se incluye en la fiscalización de requisitos básicos?

a) La existencia de crédito presupuestario y que el propuesto es el adecuado y suficiente a la naturaleza del gasto u obligación que se proponga contraer.

b) El cumplimiento de la obligación del pago en el plazo previsto para ello o en su caso, el abono al contratista de los intereses de demora y la indemnización por los costes de cobro en los términos previstos en la citada Ley 3/2004.

c) Que los gastos u obligaciones se proponen al órgano competente para la aprobación del compromiso de gasto o del reconocimiento de la obligación.

d) La existencia de autorización del Consejo de Ministros, en aquellos tipos de gastos en los que su normativa específica lo exija.

5. El ejercicio de la función interventora comprende:

a) La fiscalización previa de los actos que reconocen derechos de contenido económico, aprueben gastos, adquieren compromisos de gasto o acuerden movimientos de fondos y valores.

b) La intervención del reconocimiento de las obligaciones o de la comprobación de la inversión.

c) La intervención formal de la ordenación del pago y la intervención material del pago.

d) Todas las anteriores.

6. En relación con el procedimiento de ejercicio de la función interventora sobre los gastos y pagos, ¿cuál de las siguientes afirmaciones es correcta?

a) La Intervención debe recibir el expediente original completo una vez que se haya dictado el acuerdo por el órgano que corresponda.

b) La Intervención debe fiscalizar el expediente en el plazo máximo de 3 días.

c) La Intervención puede manifestar su conformidad o desacuerdo con el acto sometido a fiscalización. En todos los casos debe motivar su decisión.

d) Si la Intervención manifiesta un reparo fundamentado en la insuficiencia del crédito, se suspende la tramitación del expediente hasta que sea solventado.

7. En el caso de que la Intervención se manifieste en desacuerdo con el fondo o con la forma de los actos, documentos o expedientes examinados, debe formular sus reparos por escrito y motivadamente. Cuando el órgano al que se dirija el reparo no lo acepte debe plantear:

a) Una cuestión previa ante el órgano contencioso-administrativo.

b) Un recurso de alzada ante el Ministerio de Hacienda.

c) Una discrepancia motivada a la Intervención.

d) Una queja ante el Defensor del Pueblo.

8. El control financiero permanente del sector público estatal se ejerce sobre las siguientes entidades:

a) La Administración General del Estado.

b) Los consorcios adscritos a la administración pública estatal.

c) Las fundaciones públicas.

d) Los partidos políticos y sindicatos.

9. El control interno de la gestión económica y financiera del sector público estatal se realiza mediante:

a) El ejercicio de la función interventora, el control financiero permanente y la auditoría pública.

b) La fiscalización previa de los actos por los que se adquieren compromisos de gasto, la intervención del reconocimiento de las obligaciones o de la comprobación de la inversión, ya sea en régimen de fiscalización de requisitos básicos o mediante los controles que realiza el Tribunal de Cuentas.

c) La adopción de todas las medidas concretas incluidas en el Plan de Acción destinadas a subsanar las debilidades, deficiencias, errores e incumplimientos relevantes que se recogen en los informes de la Intervención General de la Administración del Estado.

d) La ejecución de las medidas preventivas, correctivas y coercitivas destinadas a lograr la estabilidad presupuestaria y la sostenibilidad financiera de la Administración.

10. En relación con el plan de acción al que se refiere el artículo 161 de la Ley 47/2003, de 26 de noviembre, General Presupuestaria, ¿cuál de las siguientes afirmaciones es cierta?

a) El Plan de Acción incluye todas las actuaciones de control financiero permanente a realizar durante el año.

b) El Plan de Acción debe elaborarse en el plazo de 6 meses desde que el titular del departamento ministerial reciba la remisión semestral de los informes de control financiero permanente.

c) Cada entidad pública, organismo autónomo o departamento ministerial debe elaborar su propio Plan de Acción con las medidas concretas a adoptar para subsanar las debilidades, deficiencias, errores e incumplimientos relevantes recogidos en los informes de control financiero permanente.

d) El plan de acción debe contener un calendario de actuaciones pendientes de realizar.

En MADTEST tienes **más preguntas de este tema**, y todos tus avances quedan registrados y se reflejan en el ranking.

¡Supera tus límites con MADTEST!

Solución al test n.º 4

1. b) La solución de diferencias que puedan presentarse en el ejercicio de control se resuelven por el procedimiento contradictorio.

2. c) La función interventora se ejerce en sus modalidades de intervención formal y material.

3. c) Entre otros, los contratos de acceso a base de datos y de suscripción a publicaciones que no tengan el carácter de contratos sujetos a regulación armonizada.

4. b) El cumplimiento de la obligación del pago en el plazo previsto para ello o en su caso, el abono al contratista de los intereses de demora y la indemnización por los costes de cobro en los términos previstos en la citada Ley 3/2004.

5. d) Todas las anteriores.

6. d) Si la Intervención manifiesta un reparo fundamentado en la insuficiencia del crédito, se suspende la tramitación del expediente hasta que sea solventado.

7. c) Una discrepancia motivada a la Intervención.

8. a) La Administración General del Estado.

9. a) El ejercicio de la función interventora, el control financiero permanente y la auditoría pública.

10. d) El plan de acción debe contener un calendario de actuaciones pendientes de realizar.

TEST N.º 5

El procedimiento administrativo de ejecución del presupuesto de gasto. Órganos competentes. Fases del procedimiento y su relación con la actuación administrativa. Especial referencia a la contratación administrativa y la gestión de subvenciones. Documentos contables que intervienen en la ejecución de los gastos y de los pagos. Gestión de la Tesorería del Estado

1. Las funciones de Ordenador General de Pagos serán ejercidas por:

a) El Ministro de Asuntos Económicos y Transformación Digital.
b) El Gobierno.
c) El Director General de Presupuestos por delegación permanente del Ministro de Hacienda.
d) El Director General del Tesoro por delegación permanente del Ministro de Asuntos Económicos y Transformación Digital.

2. Las modificaciones presupuestarias que aumenten o disminuyan los créditos se refleja en el documento:

a) RC.
b) AD.
c) MC.
d) RD.

3. El documento "ADOK" se expedirá:

a) En los casos en que se conozca desde el inicio del expediente el importe exacto del compromiso de gasto a contraer.
b) Cuando se proponga el pago de gastos exentos de fiscalización previa.
c) Cuando se proponga el pago de obligaciones con cargo a créditos que tengan el correspondiente saldo de disposición.
d) Se utilizará en operaciones que combinen la autorización, compromiso y reconocimiento de obligaciones.

4. Y el documento "D" se expedirá:

a) Cuando se proponga el pago de obligaciones.

b) Cuando se instruya un expediente de gasto, en el que, en el momento de la aprobación del mismo, no se conozca el importe exacto del compromiso a adquirir por la Administración y el citado gasto no se encuentre excluido de fiscalización.

c) En el momento anterior a la adquisición del compromiso del gasto, una vez conocido su importe exacto.

d) Por aquellas obligaciones cuyo pago esté pendiente de proponer al fin del ejercicio presupuestario.

5. La limitación cualitativa de los gastos se recoge en la Ley General Presupuestaria en su artículo:

a) 47.

b) 42.

c) 39.

d) 38.

6. El reconocimiento de la obligación es:

a) El acto mediante el cual se acuerda, tras el cumplimiento de los trámites legalmente establecidos, la realización de gastos previamente aprobados, por un importe determinado o determinable.

b) El acto mediante el que se declara la existencia de un crédito exigible contra la Hacienda Pública estatal o contra la Seguridad Social, derivado de un gasto aprobado y comprometido y que comporta la propuesta de pago correspondiente.

c) El acto por el que se extingue la obligación.

d) Ninguna de las respuestas anteriores es correcta.

7. Los documentos contables que reflejan las modificaciones presupuestarias están regulados por:

a) Orden de 1 de febrero de 1996.

b) Orden de 12 de enero de 2014.

c) Orden de 26 de junio de 2005.

d) Orden de 1 de abril de 1999.

8. El documento que se utilizará para el registro de la prescripción de obligaciones reconocidas pendientes de proponer el pago es el:

a) PR.

b) RC.

c) RP.
d) RT.

9. En los contratos de obra de carácter plurianual, con excepción de los realizados bajo la modalidad de abono total del precio, se efectuará una retención adicional de crédito, en el momento en que esta se realice, del:

a) 9 % del importe de adjudicación.
b) 10 % del importe de adjudicación.
c) 7 % del importe de adjudicación.
d) 8 % del importe de adjudicación.

10. La Orden PRE/1576/2002, de 19 de junio, por la que se regula el procedimiento para el pago de obligaciones de la Administración General del Estado se refiere a las propuestas de pago. Como norma general, las propuestas de pago deben ser expedidas a favor de acreedores directos. Sin embargo, en determinados supuestos, las propuestas de pago se expiden a favor de las Cajas pagadoras, Habilitaciones, Pagadurías y otros agentes mediadores en el pago. ¿En qué casos se hace esta expedición a favor de las Cajas pagadoras, Habilitaciones, Pagadurías y otros agentes mediadores en el pago?

a) Entre otros, en el procedimiento para el pago a través del sistema de anticipos de caja fija.
b) Entre otros, en el procedimiento para el pago de las prestaciones de clases pasivas del Estado.
c) Entre otros, en el procedimiento de pagos a justificar.
d) Todas las anteriores son correctas.

En MADTEST tienes **más preguntas de este tema**, y todos tus avances quedan registrados y se reflejan en el ranking.

¡Supera tus límites con MADTEST!

Solución al test n.º 5

1. d) El Director General del Tesoro por delegación permanente del Ministro de Asuntos Económicos y Transformación Digital.

2. c) MC.

3. d) Se utilizará en operaciones que combinen la autorización, compromiso y reconocimiento de obligaciones.

4. c) En el momento anterior a la adquisición del compromiso del gasto, una vez conocido su importe exacto.

5. c) 42.

6. b) El acto mediante el que se declara la existencia de un crédito exigible contra la Hacienda Pública estatal o contra la Seguridad Social, derivado de un gasto aprobado y comprometido y que comporta la propuesta de pago correspondiente.

7. a) Orden de 1 de febrero de 1996.

8. a) PR.

9. b) 10 % del importe de adjudicación.

10. d) Todas las anteriores son correctas.

TEST N.º 6

**Gastos para la compra de bienes y servicios. Gastos de inversión.
Gastos de transferencias: corrientes y de capital. Anticipos de caja fija.
Pagos «a justificar». Justificación de libramientos**

1. El artículo 40 de la Ley 47/2003, de 26 de noviembre, General Presupuestaria indica que los estados de gastos de los presupuestos y los créditos que los financian se estructuran de acuerdo con las siguientes clasificaciones:

a) Orgánica, por programas y económica.

b) Económica, entre otras, agrupando los créditos según la naturaleza de las actividades a realizar.

c) Orgánica y funcional entre otras, agrupando los créditos por los órganos que han recaudado la financiación necesaria.

d) Territorial, entre otras, desagregando los gastos corrientes y de capital a nivel de entidad local a la que vayan destinados.

2. La Resolución de 20 de enero de 2014, de la Dirección General de Presupuestos, establece los códigos que definen la clasificación económica describe los gastos. ¿Cuál de las siguientes afirmaciones es cierta?

a) Los capítulos 1 a 8 recogen las operaciones no financieras, corrientes y de capital, y el capítulo 9 incluye el fondo de contingencia de ejecución presupuestaria.

b) Los capítulos 1 a 4 recogen las operaciones no financieras corrientes; el capítulo 5 recoge el fondo de contingencia de ejecución presupuestaria; los capítulos 6 y 7 recogen las operaciones no financieras de capital y los capítulos 8 y 9 recogen las operaciones financieras.

c) Los capítulos 1 a 4 recogen las operaciones no financieras corrientes; los capítulos 5 y 6 recogen respectivamente las transferencias y subvenciones de capital y las inversiones corrientes; los capítulos 7 a 9 recogen las operaciones financieras incluyendo el fondo de contingencia.

d) Los capítulos 1 a 3 recogen los gastos por compras de bienes y servicios; el capítulo 4 recoge los gastos por transferencias de capital; el capítulo 5 recoge el fondo de contingencia; el capítulo 6 recoge el gasto por inversiones reales.

3. La Resolución de 20 de enero de 2014, de la Dirección General de Presu-puestos, por la que se establecen los códigos que definen la clasificación econó-mica describe los gastos que pueden ser financiados con cargo al Capítulo 2 del Presupuesto:

a) Se aplicarán a este capítulo todo tipo de retribuciones e indemnizaciones, incluidas las aportaciones a planes de pensiones, a satisfacer a todo su personal por razón del tra-bajo realizado por Este y, en su caso, del lugar de residencia obligada del mismo, así como las cotizaciones obligatorias a satisfacer por los sujetos indicados.

b) Se aplicarán a este capítulo la carga financiera por intereses de todo tipo de deu-das emitidas, contraídas o asumidas tanto en moneda nacional como en moneda ex-tranjera, cualquiera que sea la forma en que se encuentren representadas: gastos de emisión, modificación y cancelación de las deudas anteriormente indicadas, carga fi-nanciera por intereses de todo tipo de depósitos y fianzas recibidas, otros rendimientos y diferencias de cambio, rendimientos implícitos, entendiéndose por tales el gasto que surge de la diferencia entre el precio de emisión y el de reembolso de deuda, ya sea por emitirse bonos bajo la par y amortizarse por su nominal, o por amortizarse créditos con penalizaciones que se computan dentro de esta partida, intereses de demora y otros gastos financieros.

c) Se aplicarán a este capítulo los pagos, condicionados o no, efectuados por la Ad-ministración sin contrapartida directa por parte de los agentes receptores, los cuales destinan estos fondos a financiar gastos de naturaleza corriente y las indemnizaciones a satisfacer por la Administración como consecuencia del funcionamiento de los servicios públicos siempre que por su naturaleza no deban imputarse a otros capítulos.

d) Se aplicarán a este capítulo los gastos corrientes en bienes y servicios, necesarios para el ejercicio de las actividades que no originen un aumento de capital o del patrimo-nio público. Son imputables a este capítulo los gastos originados por la adquisición de bienes que reúnan algunas de las características siguientes: ser bienes fungibles, tener una duración previsiblemente inferior al ejercicio presupuestario, no ser susceptibles de inclusión en inventario y ser, previsiblemente, gastos reiterativos.

4. La Resolución de 20 de enero de 2014, de la Dirección General de Presupues-tos, por la que se establecen los códigos que definen la clasificación económica, clasifica el capítulo 2 del presupuesto de gastos en los siguientes artículos:

a) El capítulo 2 se desglosa en los artículos 20 "Estado"; 21 "Organismos Autónomos, agrupados según el Ministerio al que estén adscritos"; 22 "Seguridad Social"; 23 "Agencias Estatales"; 24 "Sociedades mercantiles con participación estatal mayoritaria"; 25 "Funda-ciones del sector público estatal"; 26 "El resto de entidades que integran el Sector público administrativo estatal, con presupuestos de gastos de carácter limitativo".

b) El capítulo 2 se desglosa en los artículos 20 "Arrendamientos y cánones"; 21 "Repa-raciones, mantenimiento y conservación"; 22 "Material, suministros y otros"; 23 "Indemni-zaciones por razón del servicio"; 24 "Gasto de publicaciones"; 25 "Conciertos de asistencia sanitaria"; 27 "Compras, suministros y otros gastos relacionados con la actividad".

c) El capítulo 2 se desglosa en los artículos 20 "Administración General"; 21 "Relaciones Exteriores y Cooperación Internacional"; 22 "Justicia"; 23 "Seguridad, Protección y Promoción Social"; 24 "Producción de bienes públicos de carácter social"; 25 "Producción de bienes públicos de carácter económico"; 26 "Regulación Económica de Carácter General".

d) El capítulo 2 se desglosa en los artículos 20 "Material de oficina"; 21 "Suministros"; 22 "Comunicaciones"; 23 "Transporte"; 24 "Primas de seguros y tributos"; 25 "Trabajos realizados por otras empresas"; 26 "Gastos en centros docentes no universitarios".

5. La Resolución de 20 de enero de 2014, de la Dirección General de Presupuestos, por la que se establecen los códigos que definen la clasificación económica describe los gastos que pueden ser financiados con cargo al Capítulo 4 del Presupuesto:

a) Se aplicarán a este capítulo los pagos, condicionados o no, efectuados por la Administración sin contrapartida directa por parte de los agentes receptores, los cuales destinan estos fondos a financiar gastos de naturaleza corriente y las indemnizaciones a satisfacer por la Administración como consecuencia del funcionamiento de los servicios públicos siempre que por su naturaleza no deban imputarse a otros capítulos.

b) Se aplicarán a este capítulo los pagos, condicionados o no, efectuados por la Administración sin contrapartida directa por parte de los agentes receptores, los cuales destinan estos fondos a financiar operaciones de capital.

c) Se aplicarán a este capítulo todo tipo de retribuciones e indemnizaciones, incluidas las aportaciones a planes de pensiones, a satisfacer a todo su personal por razón del trabajo realizado por este y, en su caso, del lugar de residencia obligada del mismo, así como las cotizaciones obligatorias a satisfacer por los sujetos indicados.

d) Se aplicarán a este capítulo los gastos a realizar directamente por la Administración destinados a la creación o adquisición de bienes de capital, así como los destinados a la adquisición de bienes de naturaleza inventariable necesarios para el funcionamiento operativo de los servicios y aquellos otros gastos de naturaleza inmaterial que tengan carácter amortizable.

6. El artículo 20 "Arrendamientos y cánones" incluido en el capítulo 2 de la clasificación económica de gastos incluye, entre otros, los siguientes gastos:

a) El arrendamiento de edificios y locales, incluyendo los gastos de comunidad, los gastos de luz y agua que contrate la administración directamente con los suministradores así como los gastos de mantenimiento y reparación de los inmuebles.

b) El leasing de los vehículos y otros medios de transporte cuando la administración prevea el ejercicio de la opción de compra.

c) El arrendamiento de equipos para procesos de información ya se trate de equipamiento de *hardware* o *software*.

d) Cada una de las cuotas que se abonan al proveedor cuando se ha pactado un pago aplazado del precio de compra de un bien duradero.

7. El artículo 21 "Reparaciones, mantenimiento y conservación" de la clasificación económica de los gastos tiene el siguiente desglose:

a) 210 "Infraestructura y bienes naturales"; 212 "Edificios y otras construcciones"; 213 "Maquinaria, instalaciones y utillaje"; 214 "Elementos de transporte"; 215 "Mobiliario y enseres"; 216 "Equipos para procesos de la información"; 218 "Bienes situados en el exterior"; 219 "Otro inmovilizado material".

b) 210 "Infraestructura y bienes naturales"; 212 "Bienes destinados al uso general"; 213 "Bienes nuevos asociados al funcionamiento operativo de los servicios"; 214 "Bienes de reposición asociados al funcionamiento operativo de los servicios"; 215 "Bienes militares nuevos"; 216 "Bienes militares de reposición"; 218 "Bienes situados en el exterior"; 219 "Materiales y suministros asociados a las reparaciones".

c) 210 "Bienes destinados a uso educativo"; 212 "Bienes destinados a uso sanitario"; 213 "Bienes de carácter militar y policial"; 214 "Instalaciones y otros bienes deportivos"; 215 "Bienes destinados a uso penitenciario"; 216 "Bienes cedidos a las Comunidades Autónomas"; 218 "Bienes cedidos a entidades locales"; 219 "Bienes situados en el exterior".

d) 210 "Reparaciones"; 211 "Mantenimiento"; 212 "Conservación".

8. El concepto 221 "Suministros" del artículo 22 "Material, suministros y otros" recoge entre otros los siguientes gastos:

a) Los gastos de transporte que deban abonarse al Parque Móvil del Estado o a cualquier otra entidad pública o privada excepto los que por tener la naturaleza de gasto social deban imputarse al capítulo 1.

b) Los gastos necesarios para la manutención y asistencia de reclusos, de los hijos en su compañía y de las personas que los atienden.

c) Los gastos por servicios telefónicos, servicios postales y telegráficos, así como cualquier otro tipo de comunicación.

d) Los suministros de material informático, ofimático, de publicaciones y revistas.

9. El concepto 226 "Gastos diversos" del artículo 22 "Material, suministros y otros" no debe incluir en ningún caso:

a) Los gastos por atenciones protocolarias y representativas.

b) Los gastos jurídicos y contenciosos.

c) Los gastos derivados de procesos electorales y consultas populares.

d) Los gastos que ocasione la inserción de publicidad en Boletines Oficiales.

10. El capítulo 6 de la clasificación económica de los gastos incluye los gastos de inversión. ¿Cuál de las siguientes afirmaciones es verdadera en relación con los gastos que deben incluirse en este capítulo?

a) En este capítulo se incluyen los contratos de *leasing*.

b) En los gastos de inversión se incluyen los gastos de naturaleza inmaterial que tengan carácter amortizable. Un gasto se considera amortizable cuando contribuya al mantenimiento de la actividad del sujeto que lo realiza en ejercicios futuros.

c) En este capítulo se incluyen los gastos de mantenimiento de las inversiones y los seguros que los protegen frente a contingencias.

d) Todas las anteriores son correctas.

En MADTEST tienes **más preguntas de este tema**, y todos tus avances quedan registrados y se reflejan en el ranking.

¡Supera tus límites con MADTEST!

Solución al test n.º 6

1. a) Orgánica, por programas y económica.

2. b) Los capítulos 1 a 4 recogen las operaciones no financieras corrientes; el capítulo 5 recoge el fondo de contingencia de ejecución presupuestaria; los capítulos 6 y 7 recogen las operaciones no financieras de capital y los capítulos 8 y 9 recogen las operaciones financieras.

3. d) Se aplicarán a este capítulo los gastos corrientes en bienes y servicios, necesarios para el ejercicio de las actividades que no originen un aumento de capital o del patrimonio público. Son imputables a este capítulo los gastos originados por la adquisición de bienes que reúnan algunas de las características siguientes: ser bienes fungibles, tener una duración previsiblemente inferior al ejercicio presupuestario, no ser susceptibles de inclusión en inventario y ser, previsiblemente, gastos reiterativos.

4. b) El capítulo 2 se desglosa en los artículos 20 "Arrendamientos y cánones"; 21 "Reparaciones, mantenimiento y conservación"; 22 "Material, suministros y otros"; 23 "Indemnizaciones por razón del servicio"; 24 "Gasto de publicaciones"; 25 "Conciertos de asistencia sanitaria"; 27 "Compras, suministros y otros gastos relacionados con la actividad".

5. a) Se aplicarán a este capítulo los pagos, condicionados o no, efectuados por la Administración sin contrapartida directa por parte de los agentes receptores, los cuales destinan estos fondos a financiar gastos de naturaleza corriente y las indemnizaciones a satisfacer por la Administración como consecuencia del funcionamiento de los servicios públicos siempre que por su naturaleza no deban imputarse a otros capítulos.

6. c) El arrendamiento de equipos para procesos de información ya se trate de equipamiento de *hardware* o *software*.

7. a) 210 "Infraestructura y bienes naturales"; 212 "Edificios y otras construcciones"; 213 "Maquinaria, instalaciones y utillaje"; 214 "Elementos de transporte"; 215 "Mobiliario y enseres"; 216 "Equipos para procesos de la información"; 218 "Bienes situados en el exterior"; 219 "Otro inmovilizado material".

8. b) Los gastos necesarios para la manutención y asistencia de reclusos, de los hijos en su compañía y de las personas que los atienden.

9. c) Los gastos derivados de procesos electorales y consultas populares.

10. b) En los gastos de inversión se incluyen los gastos de naturaleza inmaterial que tengan carácter amortizable. Un gasto se considera amortizable cuando contribuya al mantenimiento de la actividad del sujeto que lo realiza en ejercicios futuros.

TEST N.º 7

**Los ingresos públicos: concepto y clasificación.
El sistema tributario español: régimen actual.
Especial referencia al régimen de tasas y precios públicos**

1. El artículo 5.2 de la Ley 47/2003, de 26 de noviembre, General Presupuestaria se refiere a los derechos de naturaleza pública. ¿Cómo los define?

a) Son derechos de naturaleza pública de la Hacienda Pública estatal los tributos y los demás derechos de contenido económico cuya titularidad corresponde a la Administración General del Estado y sus organismos autónomos que deriven del ejercicio de potestades administrativas.

b) Son derechos de naturaleza pública de la Hacienda Pública estatal los que obtiene por la explotación y venta de los bienes que constituyen su patrimonio así como aquellos que derivan de la deuda pública, en la que el Estado y otros entes públicos actúan como prestamistas.

c) Son derechos de naturaleza pública de la Hacienda Pública estatal las contraprestaciones pecuniarias que se satisfacen por la prestación de servicios o la realización de actividades efectuadas en régimen de Derecho público cuando, prestándose también tales servicios o actividades por el sector privado, sean de solicitud voluntaria por parte de los administrados.

d) Son derechos de naturaleza pública de la Hacienda Pública estatal los que emplea en el logro de sus fines y la financiación del gasto público. Cumplen una función redistributiva y pueden servir como instrumentos de la política económica general.

2. El artículo 41 de la Ley 47/2003, de 26 de noviembre, General Presupuestaria, indica que los estados de ingresos de los presupuestos se clasifican:

a) Según una clasificación orgánica y otra económica.
b) En Ingresos autonómicos, estatales y de la Unión Europea.
c) En función de las partidas de gasto que vayan a financiar: personal, bienes y servicios...
d) En ingresos presupuestarios y no presupuestarios.

3. A continuación enumeramos distintos tipos de ingresos públicos. Señale la opción correspondiente en la que solo se incluyan impuestos indirectos:

a) El impuesto sobre Sucesiones y Donaciones, el Impuesto sobre el Patrimonio y el Impuesto sobre la Renta de las Personas Físicas.

b) Los ingresos procedentes de Tasas y Precios Públicos, de la Venta de Bienes y Prestaciones de Servicios y la Tasa Fiscal sobre el Juego.

c) El Impuesto sobre transmisiones patrimoniales y Actos Jurídicos Documentados, el Impuesto sobre el Valor Añadido y el Impuesto sobre la Cerveza.

d) Las Transferencias corrientes y los ingresos patrimoniales por intereses de depósitos y dividendos.

4. La clasificación económica de los ingresos presupuestarios distingue entre ingresos corrientes, de capital y operaciones financieras. ¿Cuáles son los ingresos de capital?

a) En los ingresos de capital se incluyen las transferencias de capital y los rendimientos del capital que se corresponden con la totalidad de las utilidades o contraprestaciones, cualquiera que sea su denominación o naturaleza, dinerarias o en especie, que provengan, directa o indirectamente, de elementos patrimoniales.

b) En los ingresos de capital se distinguen la enajenación de inversiones reales y las transferencias de capital.

c) En los ingresos de capital se distinguen los ingresos patrimoniales obtenidos por la explotación y venta de los bienes que constituyen el patrimonio de la Administración y el Impuesto sobre Transmisiones Patrimoniales y Actos Jurídicos Documentados.

d) En los ingresos de capital se distinguen la adquisición de inversiones reales y financieras ya sean nuevas o de reposición.

5. La Constitución Española consagra los siguientes principios en materia tributaria:

a) Principio de generalidad, principio de capacidad económica, principio de igualdad, principio de progresividad con el límite de la confiscatoriedad.

b) Principio de legalidad, principio de jerarquía normativa, principio de competencia y principio de publicidad.

c) Principio de igualdad, principio de justicia, principio de legalidad y principio de irretroactividad de las normas tributarias.

d) Principio de igualdad material, principio de redistribución de la riqueza, principio de progresividad como límite al derecho de la propiedad.

6. ¿Cuáles son las fuentes del Derecho Tributario, tal y como las establece el artículo 7 de la Ley 58/2003, de 17 de diciembre, General Tributaria?

a) Tal y como establece el principio de legalidad tributaria, solo podrán establecerse prestaciones personales o patrimoniales de carácter público con arreglo a la Ley. Por ello, las fuentes del Derecho Tributario son la Ley General Tributaria, las leyes reguladoras de cada tributo y las demás leyes que contengan disposiciones en materia tributaria. A esta clasificación hay que añadir desde que pertenecemos a la UE, las normas que dicte la

Unión Europea y los organismos internacionales o supranacionales a los que se atribuya el ejercicio de competencias en materia tributaria.

b) Tal y como establece el principio de legalidad tributaria de carácter relativo tal y como lo ha calificado la doctrina, las fuentes del Derecho Tributario son la Ley General Tributaria, las leyes reguladoras de cada tributo y las demás leyes que contengan disposiciones en materia tributaria. En segundo lugar se sitúan las disposiciones reglamentarias dictadas en su desarrollo, especialmente las ordenanzas fiscales. A esta clasificación hay que añadir desde que pertenecemos a la UE, las normas que dicte la Unión Europea y los organismos internacionales o supranacionales a los que se atribuya el ejercicio de competencias en materia tributaria.

c) Las fuentes del Derecho Tributario son la Ley General Tributaria, las leyes reguladoras de cada tributo y las demás leyes que contengan disposiciones en materia tributaria. En segundo lugar se sitúa la costumbre y los principios generales del derecho. A esta clasificación hay que añadir desde que pertenecemos a la UE, las normas que dicte la Unión Europea y los organismos internacionales o supranacionales a los que se atribuya el ejercicio de competencias en materia tributaria.

d) La Constitución, los tratados o convenios internacionales, las normas que dicte la Unión Europea y los organismos internacionales o supranacionales a los que se atribuya el ejercicio de competencias en materia tributaria. A continuación se sitúan la Ley General Tributaria, las leyes reguladoras de cada tributo y las demás leyes que contengan disposiciones en materia tributaria, así como las disposiciones reglamentarias dictadas en desarrollo de las normas tributarias.

7. El artículo 35 de la Ley 58/2003, de 17 de diciembre, General Tributaria, define a los obligados tributarios como:

a) Las personas físicas o jurídicas y las entidades a las que la normativa tributaria impone el cumplimiento de obligaciones tributarias.

b) El sujeto pasivo que realiza el hecho imponible siendo ésta la causa por la que queda, en su condición de sujeto pasivo, obligado al cumplimiento de la obligación tributaria principal y las formales inherentes a la misma.

c) Los obligados tributarios son los contribuyentes y sus sucesores en caso de fallecimiento.

d) Aquel que debe cumplir la obligación tributaria principal, que tiene por objeto el pago de la cuota tributaria, así como las obligaciones formales inherentes a la misma. No pierde la condición de obligado tributario quien debe repercutir la cuota tributaria a otros obligados, salvo que la ley de cada tributo disponga otra cosa.

8. El método de estimación objetiva es uno de los métodos para determinar la base imponible. ¿En qué consiste?

a) El método de estimación objetiva calcula la base imponible a partir de los datos reales consignados en documentos, declaraciones, libros de contabilidad y registros comprobados administrativamente.

b) El método de estimación objetiva determina la base imponible mediante la aplicación de las magnitudes, índices, módulos o datos previstos en la normativa propia de cada tributo.

c) El método de estimación objetiva utiliza datos indiciarios, tales como los datos y antecedentes que obren en poder de la Administración o la comparación de gastos y de rendimientos de actividades similares en el respectivo sector económico.

d) La base imponible se calcula sumando los rendimientos del trabajo, rendimientos del capital, rendimientos de las actividades económicas, ganancias y pérdidas patrimoniales así como las imputaciones de renta que establezca la ley.

9. En la cuantificación de la obligación tributaria intervienen diferentes elementos. Por favor, indique cuál de las siguientes definiciones es correcta:

a) La base imponible es la magnitud dineraria o de otra naturaleza que resulta de minorar la base liquidable por las reducciones establecidas por la ley.

b) La cuota íntegra es la cantidad a ingresar a la administración que resulta de la obligación tributaria principal o de las obligaciones de realizar pagos a cuenta.

c) La cuota diferencial es la que se aplica sobre la base imponible para obtener la base liquidable.

d) El tipo de gravamen es la cifra, coeficiente o porcentaje que se aplica a la base liquidable para obtener como resultado la cuota íntegra.

10. El artículo 2 de la Ley 58/2003, de 17 de diciembre, General Tributaria, clasifica los tributos en:

a) Tributos de naturaleza directa que gravan la obtención de renta o la propiedad de un patrimonio en sí mismos y tributos de naturaleza indirecta que gravan el consumo o la transmisión de activos.

b) Impuestos, contribuciones especiales y tasas.

c) Impuestos, contribuciones especiales, tasas y precios públicos.

d) Impuestos, cotizaciones sociales, contribuciones especiales y tasas.

En MADTEST tienes **más preguntas de este tema**, y todos tus avances quedan registrados y se reflejan en el ranking.

¡Supera tus límites con MADTEST!

Solución al test n.º 7

1. a) Son derechos de naturaleza pública de la Hacienda Pública estatal los tributos y los demás derechos de contenido económico cuya titularidad corresponde a la Administración General del Estado y sus organismos autónomos que deriven del ejercicio de potestades administrativas.

2. a) Según una clasificación orgánica y otra económica.

3. c) El Impuesto sobre transmisiones patrimoniales y Actos Jurídicos Documentados, el Impuesto sobre el Valor Añadido y el Impuesto sobre la Cerveza.

4. b) En los ingresos de capital se distinguen la enajenación de inversiones reales y las transferencias de capital.

5. a) Principio de generalidad, principio de capacidad económica, principio de igualdad, principio de progresividad con el límite de la confiscatoriedad.

6. d) La Constitución, los tratados o convenios internacionales, las normas que dicte la Unión Europea y los organismos internacionales o supranacionales a los que se atribuya el ejercicio de competencias en materia tributaria. A continuación se sitúan la Ley General Tributaria, las leyes reguladoras de cada tributo y las demás leyes que contengan disposiciones en materia tributaria, así como las disposiciones reglamentarias dictadas en desarrollo de las normas tributarias.

7. a) Las personas físicas o jurídicas y las entidades a las que la normativa tributaria impone el cumplimiento de obligaciones tributarias.

8. b) El método de estimación objetiva determina la base imponible mediante la aplicación de las magnitudes, índices, módulos o datos previstos en la normativa propia de cada tributo.

9. d) El tipo de gravamen es la cifra, coeficiente o porcentaje que se aplica a la base liquidable para obtener como resultado la cuota íntegra.

10. b) Impuestos, contribuciones especiales y tasas.

TEST N.º 8

Retribuciones de los funcionarios públicos. Nóminas: estructura y normas de confección. Altas y bajas, su justificación. Ingresos en formalización. Devengo y liquidación de derechos económicos

1. Según el TREBEP, el personal laboral podrá desempeñar:

a) Cualquier puesto de trabajo, de forma indistinta con el personal funcionario.

b) Los puestos de trabajo que expresamente se le adscriban en las relaciones de puestos de trabajo, siempre que no impliquen el ejercicio de funciones que supongan la participación directa o indirecta en el ejercicio de las potestades públicas o en la salvaguardia de los intereses generales del Estado y de las Administraciones Públicas.

c) Los puestos de trabajo que se determinen según los criterios que se establezcan en las leyes de desarrollo del TREBEP, siempre que no impliquen el ejercicio de funciones que supongan la participación directa o indirecta en el ejercicio de las potestades públicas o en la salvaguardia de los intereses generales del Estado y de las Administraciones Públicas.

d) Únicamente los puestos de trabajo de carácter auxiliar o de apoyo técnico.

2. La regulación del TREBEP en materia de régimen retributivo de los empleados públicos:

a) Se encuentra íntegramente en vigor.

b) Su entrada en vigor está condicionada a la aprobación de las leyes de desarrollo del TREBEP.

c) La a) es correcta, salvo en lo que se refiere al personal estatutario de los servicios públicos de salud y al personal funcionario docente.

d) La b) es cierta, salvo en lo relativo a los trienios de los funcionarios interinos.

3. La cuantía del complemento específico asignado a cada puesto de trabajo se establece:

a) En la Ley de Presupuestos Generales del Estado de cada año.

b) En las relaciones de puestos de trabajo.

c) La b) es cierta, y un puesto puede tener como máximo dos complementos específicos.

d) La a) es cierta, y un puesto puede tener como máximo un complemento específico.

4. El devengo del complemento de destino establecido en la Ley de Presupuestos de cada año para cada nivel se produce, con carácter general, en:

a) 12 mensualidades.
b) 14 mensualidades.
c) 16 mensualidades.
d) 18 mensualidades.

5. El complemento de productividad se puede asignar a:

a) Los funcionarios de carrera y los funcionarios interinos.
b) Los funcionarios de carrera, los funcionarios interinos, y el personal eventual.
c) Los funcionarios de carrera, los funcionarios interinos, el personal eventual y los funcionarios en prácticas.
d) Los funcionarios de carrera, exclusivamente.

6. El Estatuto Básico del Empleado Público estableció el derecho de los funcionarios interinos a percibir los trienios que les corresponda por los servicios prestados a las Administraciones Públicas con anterioridad a su entrada en vigor, cuyos efectos económicos serán:

a) De la fecha de su devengo.
b) Del primer día hábil del mes siguiente a la fecha en la que se cumplan tres años, o múltiplos de tres, completos de servicios efectivos.
c) Del uno de enero de 2008.
d) Posteriores a la entrada en vigor del Estatuto Básico del Empleado Público.

7. Las retribuciones básicas y complementarias que se devenguen con carácter fijo y periodicidad mensual, se harán efectivas por mensualidades completas y con referencia a la situación y derechos del funcionario el primer día hábil del mes correspondiente, salvo en los siguientes casos, en los que se devengarán por días:

a) En el mes de inicio de una licencia sin derecho a retribución.
b) En el mes de cese en servicio activo, salvo jubilación y fallecimiento de quien pertenezca a Clases Pasivas.
c) En el mes en el que se produzca un cambio de destino que implique cambio de Administración Pública, aunque no suponga cambio de situación administrativa.
d) Todas son correctas.

8. Los funcionarios en prácticas que sean nombrados funcionarios de carrera al haber superado el período de prácticas o el curso selectivo:

a) Continuarán percibiendo en el plazo posesorio las mismas retribuciones que les hayan sido acreditadas durante el tiempo de realización de las prácticas o del curso selectivo.
b) No perciben retribución durante el plazo posesorio hasta que tomen posesión.

c) Percibirán durante el plazo posesorio las mismas retribuciones que les vaya a corresponder en el puesto en el que han obtenido destino como funcionarios de carrera.

d) Percibirán durante el plazo posesorio las retribuciones básicas correspondientes al grupo al que pertenezca el cuerpo o escala en el que van a ingresar.

9. El concepto retributivo que se percibe por la realización de servicios extraordinarios prestados fuera de la jornada normal y que en ningún caso puede ser fijo en su cuantía ni periódico en su devengo se denomina:

a) Complemento específico.
b) Complemento de productividad.
c) Indemnización por razón del servicio.
d) Gratificación por servicios extraordinarios.

10. En el supuesto de cese el día 18 de marzo de 2026 de un funcionario de la Administración del Estado por pasar, en comisión de servicios, a ocupar un puesto de trabajo en otra Administración Pública, la paga extraordinaria correspondiente a junio de ese año se devengará:

a) Con referencia a la situación y derechos del funcionario el día del cese.
b) Con referencia la situación y derechos del funcionario el primer día hábil del mes de junio.
c) Con referencia la situación y derechos del funcionario el primer día hábil del mes de junio y su importe se abonará entre la Administración del Estado y la Administración donde tenga su nuevo destino, en proporción al período de tiempo servido en cada una de ellas.
d) Con referencia la situación y derechos del funcionario el primer día hábil del mes de junio, y su importe será abonado íntegramente en la Administración Pública donde se encontrara destinado el día del devengo.

En MADTEST tienes **más preguntas de este tema**, y todos tus avances quedan registrados y se reflejan en el ranking.

¡Supera tus límites con MADTEST!

Solución al test n.º 8

1. c) Los puestos de trabajo que se determinen según los criterios que se establezcan en las leyes de desarrollo del TREBEP, siempre que no impliquen el ejercicio de funciones que supongan la participación directa o indirecta en el ejercicio de las potestades públicas o en la salvaguardia de los intereses generales del Estado y de las Administraciones Públicas.

2. b) Su entrada en vigor está condicionada a la aprobación de las leyes de desarrollo del TREBEP.

3. b) En las relaciones de puestos de trabajo.

4. a) 12 mensualidades.

5. c) Los funcionarios de carrera, los funcionarios interinos, el personal eventual y los funcionarios en prácticas.

6. d) Posteriores a la entrada en vigor del Estatuto Básico del Empleado Público.

7. a) En el mes de inicio de una licencia sin derecho a retribución.

8. a) Continuarán percibiendo en el plazo posesorio las mismas retribuciones que les hayan sido acreditadas durante el tiempo de realización de las prácticas o del curso selectivo.

9. d) Gratificación por servicios extraordinarios.

10. a) Con referencia a la situación y derechos del funcionario el día del cese.

SUPUESTOS PRÁCTICOS

IV. Derecho Administrativo General

SUPUESTO N.º 1

El Sr. X ha solicitado licencia para edificar un inmueble de cinco plantas en la ciudad de Y, siéndole denegada por el Ayuntamiento de esta, al contravenir las normas urbanísticas, que prevén un máximo de tres plantas en la calle W donde se ubica el solar.

El Alcalde-Presidente del Ayuntamiento de Y denegó la licencia por este motivo, notificándoselo al solicitante por medios electrónicos, pese a que el escrito inicial se presentó presencialmente en formato papel, por lo que el Sr. X nunca llegó a conocer el contenido del mismo, si bien, acudió a preguntar por el estado de tramitación del expediente, momento en el cual se le notificó el mismo para su conocimiento y efectos.

No habiendo tenido éxito ninguno de los recursos interpuestos en vía administrativa, el Sr. X decidió interponer recurso ante la Jurisdicción contencioso-administrativa.

Cuestiones

1. Redáctese la notificación del acto administrativo por el que se deniega la licencia urbanística solicitada por el Sr. X.

2. ¿Es correcta la notificación del acto efectuada al Sr. X? Indique el régimen de las notificaciones de los actos administrativos. ¿Tenía el Sr. X la obligación de comunicarse con la Administración por medios electrónicos? ¿Cómo se regula legalmente esta obligación?

3. ¿Cuándo se considera notificado este acto administrativo?

4. ¿Qué recurso o recursos administrativos competían al Sr. X contra la resolución administrativa? Desarrolle los tipos de recursos existentes, plazos y efectos.

5. En cuanto al recurso contencioso-administrativo interpuesto, ¿se trata de una actividad administrativa impugnable? ¿Qué procedimiento debe seguir en dicha jurisdicción?

Soluciones

Cuestión 1.

Como quiera que la licencia solicitada ha sido denegada, se está limitando un derecho subjetivo del Sr. X, el *ius aedificandi*, es decir, el derecho a edificar, por lo que es necesario motivar la resolución, sin que baste con decir que se deniega por contravenir las normas urbanísticas (artículo 35.1.a) LPACAP).

Habría, pues, que señalarle al Sr. X qué precepto de las normas urbanísticas se incumple, cuándo se aprobaron y publicaron dichas normas y el contenido del precepto, cosa que sí se hace como se puede observar en el enunciado del caso, al manifestar que donde se prevé un máximo de tres plantas él pide edificar cinco.

En definitiva, partiendo de que, en un Municipio de régimen común, el órgano competente para otorgar o denegar licencias de obras es el Alcalde, salvo que las leyes sectoriales lo atribuyan expresamente al Pleno o a la Comisión de Gobierno (artículo 21.1,q, de la Ley 7/1985, de 2 de abril, Reguladora de las Bases del Régimen Local –LBRL, en adelante–) (en los Municipios de gran población esta competencia se atribuye a la Junta de Gobierno Local, a tenor del artículo 127,1.º,e, LRL) y de que el traslado de los actos y acuerdos de las Corporaciones Locales compete al Secretario General de la Corporación de que se trate (artículo 204 del Reglamento de Organización, Funcionamiento y Régimen Jurídico de las Entidades Locales, aprobado por el Real Decreto 2568/1986, de 28 de noviembre), podría efectuarse la siguiente notificación de la denegación de la licencia solicitada:

El Alcalde del Ayuntamiento de Y ha dictado la siguiente Resolución:

"En relación con la licencia de obras solicitada por el Sr. X, para edificar un inmueble de cinco plantas en la calle W de este Municipio, a la vista de los informes técnicos y jurídicos recaídos, que indican que en dicha calle, a tenor del artículo Y de las Normas Urbanísticas del Plan General de Ordenación Urbana vigente, aprobado por el/la Pleno/Comisión Provincial de Urbanismo/Consejero de Urbanismo (debe indicarse el órgano que aprobó dicho Plan) y publicadas en el Boletín Oficial de la Provincia/Comunidad Autónoma (ha de señalarse la fecha y el Boletín), solo se permiten edificios de tres plantas, por el presente, en uso de las atribuciones que me confiere el artículo 21.1,q, de la Ley 7/1985, de 2 de abril, Reguladora de las Bases del Régimen Local (LRL), procede denegar la licencia solicitada".

Lo que le notifico, por el presente, para su conocimiento y efectos, haciéndole notar que este Decreto agota la vía administrativa y que contra el mismo puede interponer Recurso de Reposición en el plazo de un mes ante el propio Sr. Alcalde (artículo 52 LRL), que se entenderá desestimado si transcurre un mes desde su interposición sin que se dicte y notifique su resolución (artículo 124 de la Ley 39/2015, de 1 de octubre, del Procedimiento Administrativo Común de las Administraciones Públicas), así como que, si no interpone dicho recurso, o contra la resolución expresa o presunta del mismo, podrá interponer recurso contencioso-administrativo en el plazo de dos meses o seis meses, según sea expresa o presunta, a contar desde el día siguiente al de la notificación de este Decreto o de la resolución del Recurso de Reposición, ante el Tribunal de Instancia, Sección de lo Contencioso-Administrativo (artículo 46 de la Ley 29/1998, de 13 de julio, reguladora de la Jurisdicción Contencioso-Administrativa), sin perjuicio de que pueda ejercitar cualquier otro recurso que estime procedente (artículo 40.2 de la LPACAP).

Asimismo, se le advierte que si la notificación se hiciere por medios electrónicos, ya por ser de carácter obligatorio, o porque haya sido expresamente elegida por el interesado, se entenderá rechazada cuando hayan transcurrido diez días naturales desde la puesta a disposición de la notificación sin que se acceda a su contenido (artículo 43.2 LPACAP).

EL SECRETARIO GENERAL,

(Debe figurar la firma electrónica con la fecha)

Cuestión 2.

No, dado que el Sr. X es una persona física, y como quiera que no consta que la licencia solicitada lo fuera en el marco de una actividad empresarial o profesional ni que el Ayuntamiento haya dictado reglamento alguno que imponga expresamente esta obligación, debió notificarle por el mismo medio empleado en la presentación de su instancia. En este particular, el artículo 14 de la Ley 39/2015, de 1 de octubre, del Procedimiento Administrativo Común de las Administraciones Públicas (LPACAP, en lo sucesivo), dispone que:

1. Las personas físicas podrán elegir en todo momento si se comunican con las Administraciones Públicas para el ejercicio de sus derechos y obligaciones a través de medios electrónicos o no, salvo que estén obligadas a relacionarse a través de medios electrónicos con las Administraciones Públicas. El medio elegido por la persona para comunicarse con las Administraciones Públicas podrá ser modificado por aquella en cualquier momento.

2. En todo caso, estarán obligados a relacionarse a través de medios electrónicos con las Administraciones Públicas para la realización de cualquier trámite de un procedimiento administrativo, al menos, los siguientes sujetos:

   a) Las personas jurídicas.

   b) Las entidades sin personalidad jurídica.

   c) Quienes ejerzan una actividad profesional para la que se requiera colegiación obligatoria, para los trámites y actuaciones que realicen con las Administraciones Públicas en ejercicio de dicha actividad profesional. En todo caso, dentro de este colectivo se entenderán incluidos los notarios y registradores de la propiedad y mercantiles.

d) Quienes representen a un interesado que esté obligado a relacionarse electrónicamente con la Administración.

e) Los empleados de las Administraciones Públicas para los trámites y actuaciones que realicen con ellas por razón de su condición de empleado público, en la forma en que se determine reglamentariamente por cada Administración.

3. Reglamentariamente, las Administraciones podrán establecer la obligación de relacionarse con ellas a través de medios electrónicos para determinados procedimientos y para ciertos colectivos de personas físicas que por razón de su capacidad económica, técnica, dedicación profesional u otros motivos quede acreditado que tienen acceso y disponibilidad de los medios electrónicos necesarios.

A la notificación de los actos administrativos se refieren los arts. 40 a 44 de la LPACAP, disponiendo el primero de ellos que:

"1. El órgano que dicte las resoluciones y actos administrativos los notificará a los interesados cuyos derechos e intereses sean afectados por aquellos, en los términos previstos en los artículos siguientes.

2. Toda notificación deberá ser cursada dentro del plazo de diez días a partir de la fecha en que el acto haya sido dictado, y deberá contener el texto íntegro de la resolución, con indicación de si pone fin o no a la vía administrativa, la expresión de los recursos que procedan, en su caso, en vía administrativa y judicial, el órgano ante el que hubieran de presentarse y el plazo para interponerlos, sin perjuicio de que los interesados puedan ejercitar, en su caso, cualquier otro que estimen procedente.

3. Las notificaciones que, conteniendo el texto íntegro del acto, omitiesen alguno de los demás requisitos previstos en el apartado anterior, surtirán efecto a partir de la fecha en que el interesado realice actuaciones que supongan el conocimiento del contenido y alcance de la resolución o acto objeto de la notificación, o interponga cualquier recurso que proceda.

4. Sin perjuicio de lo establecido en el apartado anterior, y a los solos efectos de entender cumplida la obligación de notificar dentro del plazo máximo de duración de los procedimientos, será suficiente la notificación que contenga, cuando menos, el texto íntegro de la resolución, así como el intento de notificación debidamente acreditado.

5. Las Administraciones Públicas podrán adoptar las medidas que consideren necesarias para la protección de los datos personales que consten en las resoluciones y actos administrativos, cuando estos tengan por destinatarios a más de un interesado".

Cuestión 3.

Considerando que el Sr. X no tenía obligación de comunicarse electrónicamente con la Administración, la notificación del acto denegatorio de la licencia solicitada no puede considerarse válidamente efectuada por medios electrónicos. Por ello, no puede aceptarse que haya sido rechazada por el interesado transcurridos diez días naturales desde que se puso a su disposición en la sede electrónica o dirección electrónica habilitada sin que se hubiera accedido a su contenido.

No obstante, y conforme al apartado 1 del artículo 41 LPACAP, que se refiere a la forma de practicar las notificaciones, las notificaciones se practicarán preferentemente por medios electrónicos y, en todo caso, cuando el interesado resulte obligado a recibirlas por esta vía., si bien las Administraciones podrán practicar las notificaciones por medios no electrónicos en los siguientes supuestos:

a) Cuando la notificación se realice con ocasión de la comparecencia espontánea del interesado o su representante en las oficinas de asistencia en materia de registro y solicite la comunicación o notificación personal en ese momento.

b) Cuando para asegurar la eficacia de la actuación administrativa resulte necesario practicar la notificación por entrega directa de un empleado público de la Administración notificante.

Con independencia del medio utilizado, las notificaciones serán válidas siempre que permitan tener constancia de su envío o puesta a disposición, de la recepción o acceso por el interesado o su representante, de sus fechas y horas, del contenido íntegro, y de la identidad fidedigna del remitente y destinatario de la misma. La acreditación de la notificación efectuada se incorporará al expediente.

Por tanto, se deberá considerar como fecha de notificación del acto el momento en el que el interesado acudió presencialmente al ayuntamiento de Y para interesarse por el expediente y pudo conocer el contenido de la resolución.

Cuestión 4.

El artículo 52 de la Ley 7/1985, de 2 de Abril, Reguladora de las Bases del Régimen Local (LBRL)) establece en su apartado 1º que " Contra los actos y acuerdos de las Entidades locales que pongan fin a la vía administrativa, los interesados podrán ejercer las acciones que procedan ante la jurisdicción competente, pudiendo no obstante interponer con carácter previo y potestativo recurso de reposición", mientras que su apartado segundo manifiesta que ponen fin a la vía administrativa –entre otras - las resoluciones de los siguientes órganos y autoridades " las del Pleno, los Alcaldes o Presidentes y las Juntas de Gobierno, salvo en los casos excepcionales."

En consecuencia, el recurso administrativo que le cabía al Sr. X contra la Resolución del Alcalde era el de reposición, que es de carácter potestativo, siendo el plazo para la interposición del mismo de un mes, habida cuenta que se dirige contra un acto expreso, siendo el plazo máximo para dictar y notificar la resolución del recurso de un mes.

Por su parte, conforme al artículo 112 LPACAP, contra las resoluciones y los actos de trámite, si estos últimos deciden directa o indirectamente el fondo del asunto, determinan la imposibilidad de continuar el procedimiento, producen indefensión o perjuicio irreparable a derechos e intereses legítimos, podrán interponerse por los interesados recurso de alzada (y potestativo de reposición) en el plazo de un mes para interponer y tres meses para resolver.

Contra los actos firmes en vía administrativa, sólo procederá el recurso extraordinario de revisión cuando concurra alguna de las circunstancias previstas en el artículo 125.1 LPACAP, siendo el plazo para su interposición de cuatro años cuando se trate de actos que al dictarlos se hubiera incurrido en error de hecho, que resulte de los propios documentos incorporados al expediente y de tres meses en el resto de los supuestos. El plazo para resolver es de tres meses.

Cuestión 5.

Según dispone el artículo 1 de la Ley 29/1998, de 13 de julio, reguladora de la Jurisdicción Contencioso-administrativa (LJCA, en adelante), los Juzgados y Tribunales del orden contencioso-administrativo conocerán de las pretensiones que se deduzcan en relación con la actuación de las Entidades que integran la Administración local, correspondiendo la competencia orgánica al Tribunal de Instancia, Sección de lo Contencioso-administrativo (ex artículo 8.1 LJCA) en cuya circunscripción tenga su sede el Ayuntamiento de Y (artículo 14.1 LJCA).

El Sr. X está activamente legitimado para recurrir al estar directamente interesado en la resolución que se impugna.

Finalmente, el procedimiento a sustanciar será el ordinario, al no encontrarse el acto impugnado entre los supuestos previstos en el artículo 78 LJCA.

SUPUESTO N.º 2

El Sr. X, propietario de un establecimiento de hostelería, fue denunciado, el día 14 de marzo de 2025, por un cliente del mismo –el Sr. Y– ante la Consejería competente en materia de Consumo, por una presunta infracción en ese ámbito material.

Iniciado expediente sancionador, se le dio plazo de alegaciones al Sr. X, quien no llegó a efectuarlas, tras lo cual, se procedió a realizar propuesta de resolución por la comisión de una infracción de carácter grave, que adoptó el Director General de Consumo de la citada Consejería, imponiendo al Sr. X una multa de 18.030,36 euros.

Contra esta resolución, notificada por Anuncio en el Boletín Oficial correspondiente, al no hallarse el Sr. X en el establecimiento el día en que se le intentó notificar personalmente, sin que ninguno de sus empleados, incluido su representante legal, se hiciere cargo de la misma, interpuso el recurso pertinente, alegando indefensión y la nulidad de pleno derecho por haberse dictado el acto por órgano manifiestamente incompetente, dado que las multas de esta cuantía solo puede imponerlas el Consejero.

La Administración autonómica no resolvió expresamente este recurso, por lo que el Sr. X, a los cinco meses de interpuesto, planteó recurso contencioso-administrativo, en cuya tramitación, al ser emplazada aquella para contestar la demanda, alegó –esta– la inadmisibilidad del recurso por presentación extemporánea.

Cuestiones

1. **En relación el expediente sancionador incoado al SR. X: ¿Cómo se entiende iniciado el mismo? ¿Qué otras formas de inicio pueden darse en los expedientes sancionadores?**

2. **Teniendo en cuenta que no existe una norma especial que fije el plazo de prescripción de este tipo de infracciones y sanciones, ¿cuál es el plazo de prescripción de la infracción administrativa de carácter grave imputada al SR. X?¿Y de la sanción impuesta?¿Desde cuándo se cuentan los plazos? Indique los restantes plazos de prescripción para el resto de sanciones administrativas con carácter general.**

3. ¿Qué efectos tiene la negativa del representante legal del Sr. X a recibir la notificación efectuada por la Consejería?¿Es correcta la publicación de la misma a efectos de notificación?

4. En el caso de que la norma atribuya esta competencia a la persona titular de la Consejería, ¿es posible que la Consejería competente en materia de Consumo haya incurrido en algún defecto competencial como alegal el Sr. X? En su caso, ¿qué sanción llevaría ese defecto?¿Es subsanable?¿Cómo puede poner de manifiesto el defecto del acto administrativo el Sr. X y en qué plazo?

5. ¿Qué plazo debe esperar el SR. X para acceder a la vía jurisdiccional contencioso administrativa si no le respondiesen?¿Y de qué plazo dispone para interponer demanda contra el acto tácito de la Consejería?

Soluciones

Cuestión 1.

Conforme al artículo 63 de la Ley 39/2015, de 1 de octubre, del Procedimiento Administrativo Común de las Administraciones Públicas (LPACAP, en lo sucesivo), los procedimientos sancionadores se inician, siempre, de oficio por acuerdo del órgano competente, estableciendo la debida separación entre la fase instructora y la sancionadora, encomendándose la tramitación de cada una a órganos distintos. Es decir, que pese a que se haya interpuesto denuncia por una persona que pueda sentirse agraviada, lo cierto es que el órgano competente para la tramitación del expediente sancionador debe acordar su apertura, dando traslado del mismo al órgano instructor y procediendo a la notificación a los interesados, es decir, al inculpado. Sólo se le notificará al denunciante si así lo prevén las normas reguladoras del procedimiento.

Cuestión 2.

El artículo 30 de la Ley 40/2015, de 1 de octubre, de Régimen Jurídico del Sector Público (LRJSP), prevé que las infracciones y sanciones, cuyas leyes reguladoras no fijen plazos específicos, prescribirán según lo dispuesto en este artículo.

Por ello, la infracción grave imputada al Sr. X prescribirá a los dos años, y la sanción de la misma naturaleza, también, a los dos años.

Por otra parte, las infracciones muy graves prescribirán a los tres años y las leves a los seis meses; las sanciones impuestas por faltas muy graves prescribirán a los tres años y las impuestas por faltas leves al año.

El plazo de prescripción de las infracciones comenzará a contarse desde el día en que la infracción se hubiera cometido, salvo que se trate de infracciones continuadas o permanentes, en las que comenzará a correr desde que finalizó la conducta infractora. El de las sanciones comenzará a contarse desde el día siguiente a aquel en que sea ejecutable la resolución por la que se impone la sanción o haya transcurrido el plazo para recurrirla. En ambos casos, la iniciación de un procedimiento sancionador, en el primero, y de un procedimiento de ejecución de la sanción, en el segundo, interrumpirá la prescripción, siempre que el interesado haya conocido de su iniciación.

Cuestión 3.

Conforme prevé el artículo 41.5 LPACAP "Cuando el interesado o su representante rechace la notificación de una actuación administrativa, se hará constar en el expediente, especificándose las circunstancias del intento de notificación y el medio, dando por efectuado el trámite y siguiéndose el procedimiento." Al haber rechazado el legal representante del Sr. X la notificación, la Consejería debió dar por notificada la misma.

La publicación en el Boletín Oficial correspondiente no hace sino reforzar lo que ya se debía entender notificado, por lo que la actuación administrativa debe entenderse correcta.

Cuestión 4.

Como quiera que, según el enunciado de la pregunta, se atribuye la competencia para la imposición de sanciones de carácter grave a la persona titular de la Consejería, la resolución sancionadora incurre en un defecto de falta de competencia jerárquica, lo que determina la anulabilidad del acto, ya que no es por razón de la materia o del territorio, como exige la nulidad, pudiendo ser convalidado por el superior jerárquico, es este caso, el consejero o consejera.

Finalmente, este defecto lo puso de manifiesto el Sr. X mediante el oportuno recurso de alzada, ya que los actos de los Directores Generales no agotan la vía administrativa, salvo los relacionados con las competencias que tengan atribuidas en materia de personal, en el plazo de un mes, disponiendo la administración de tres meses para resolver.

Cuestión 5.

Conforme al artículo 46.1 de la Ley 29/1998, de 13 de julio, reguladora de la Jurisdicción Contencioso-administrativa, el plazo para interponer el recurso contencioso-administrativo será de dos meses contados desde el día siguiente al de la publicación de la disposición impugnada o al de la notificación o publicación del acto que ponga fin a la vía administrativa, si fuera expreso. Si no lo fuera, el plazo será de seis meses y se contará, para el solicitante y otros posibles interesados, a partir del día siguiente a aquél en que, de acuerdo con su normativa específica, se produzca el acto presunto.

En este supuesto, al tratarse de un acto presunto, el plazo es de seis meses, los cuales no habían transcurrido siquiera cuando el Sr. X formuló la demanda en vía jurisdiccional.

No obstante, actualmente, ya es pacífica la doctrina según la cual el plazo de seis meses no es preclusivo si la Administración ha incumplido su obligación de resolver (Sentencia Tribunal Constitucional de 10 de abril de 2014), y por tanto, el plazo está abierto en tanto en cuanto no caduque el derecho.

SUPUESTO N.º 3

El Sr. X, que había presentado una solicitud a la Administración, se vio en la necesidad de ausentarse de la localidad durante varios meses, para realizar un curso de formación profesional en el extranjero.

Por ello, en previsión de las incidencias que pudieran suceder en la tramitación de su solicitud, antes de su marcha, se personó ante el funcionario responsable del expediente con un profesional de su confianza, el Sr. Y, con el fin de solicitar que, mientras durara su ausencia, con este se entendiera la Administración en el asunto de que se trataba por medios electrónicos.

Por la Administración, pese a llevar a cabo el apoderamiento electrónico apud acta en favor del Sr. Y, cuando hubo que requerirle al primero para que actuara en cierto sentido en la tramitación del procedimiento, se remitió el requerimiento al mismo Sr. X en el buzón electrónico habilitado, sin que se le cursara aviso a ninguno de sus otros dispositivos vinculados, concediéndole, al efecto, un plazo de quince días, bajo advertencia de caducidad del expediente.

Como quiera que el Sr. X no se hallaba presente en España en esos momentos, al no atenderse este requerimiento, la Administración archivó el expediente, lo que comunicó al Sr. Y cuando, días después, se presentó ante la Oficina administrativa para indagar el estado de tramitación en que se encontraba.

La resolución declarativa de la caducidad fue dictada por el órgano instructor del procedimiento, con rango de Jefe de Servicio.

Cuestiones

1. ¿Qué virtualidad jurídico-administrativa tiene la comparecencia del Sr. X y del Sr. Y, así como la encomienda a este de la responsabilidad del seguimiento del expediente? ¿Cuál es el régimen jurídico de la representación administrativa? ¿En qué casos no es necesario acreditar la representación por presumirse la misma?

2. El hecho de que el apoderamiento se llevase a cabo presencialmente en lugar de hacerlo por medios electrónicos, ¿invalida el acto? ¿Puede decirse, en consecuen-

cia, que actuó correctamente la Administración al efectuar al Sr. X el requerimiento? En caso contrario, ¿podría ser objeto de convalidación ese acto?

3. ¿Cabría la caducidad declarada por la Administración en el caso que nos ocupa, y consecuencia de la misma, el archivo del expediente?

4. ¿Cómo afecta la declaración de caducidad a la prescripción de las acciones? Si fuera posible interponer un nuevo procedimiento basado en la misma causa de pedir, ¿se ha de iniciar uno nuevo o es posible continuar con los trámites siguientes a aquel en el que se produjo la caducidad?

5. ¿Qué modos de impugnación del acto declarativo de caducidad y archivo del procedimiento le competen al Sr. X?

Soluciones

Cuestión 1.

Conforme al artículo 5 de la Ley 39/2015, de 1 de octubre, del Procedimiento Administrativo Común de las Administraciones Públicas (LPACAP, en lo sucesivo), los interesados con capacidad de obrar podrán actuar por medio de representante, entendiéndose con éste las actuaciones administrativas, salvo manifestación expresa en contra del interesado. La representación podrá acreditarse mediante cualquier medio válido en Derecho que deje constancia fidedigna de su existencia. A estos efectos, se entenderá acreditada la representación realizada mediante apoderamiento apud acta efectuado por comparecencia personal o comparecencia electrónica en la correspondiente sede electrónica, o a través de la acreditación de su inscripción en el registro electrónico de apoderamientos de la Administración Pública competente.

Por tanto, la comparecencia del Sr. X otorgando poder apud acta en favor del Sr. Y tiene la virtualidad de conceder a este último su representación en el procedimiento administrativo, debiendo la administración entenderse con él en sucesivas actuaciones y diligencias.

Para formular solicitudes, presentar declaraciones responsables o comunicaciones, interponer recursos, desistir de acciones y renunciar a derechos en nombre de otra persona, deberá acreditarse la representación. Para los actos y gestiones de mero trámite se presumirá aquella representación.

Cuestión 2.

La Ley, como hemos visto, permite actuar a los interesados por medio de representante, y desde el momento en el que se anota la condición de representante y de los poderes que tiene reconocidos, que deberá incorporarse al expediente administrativo, la administración tiene la obligación de entenderse con el apoderado. El hecho de que el apud acta se hiciese presencialmente en lugar de electrónicamente no invalida el acto, que es perfectamente válido a estos efectos, ya que, según la LPACAP, se entenderá acreditada la representación realizada mediante apoderamiento apud acta efectuado por comparecencia personal o comparecencia electrónica en la correspondiente sede electrónica, o a través de la acreditación de su inscripción en el registro electrónico de apoderamientos de la Administración Pública competente.

Por tanto, es posible concluir que la Administración no actuó correctamente. No obstante, la falta de notificación, o la notificación irregular, de un determinado acto administrativo no afecte a su validez sino meramente a su eficacia, por lo que no cabría la convalidación sino la notificación en forma con la consecuente apertura de plazos procedimentales.

Por otro lado, el hecho de que no le advirtiesen al Sr. X en ninguno de sus dispositivos vinculados de la puesta a disposición de la notificación en su buzón electrónico no afectaría a la validez de la propia notificación de haberse efectuado correctamente, según lo dispuesto en el apartado 6 del artículo 41 LPACAP.

Cuestión 3.

No. Conforme al artículo 95 LPACAP, en los procedimientos iniciados a solicitud del interesado, cuando se produzca su paralización por causa imputable al mismo, la Administración le advertirá que, transcurridos tres meses, se producirá la caducidad del procedimiento. Consumido este plazo sin que el particular requerido realice las actividades necesarias para reanudar la tramitación, la Administración acordará el archivo de las actuaciones, notificándoselo al interesado.

Si ni siquiera se ha dado la oportunidad al interesado de conocer el sentido del requerimiento, cuanto menos se puede entender que se le haya advertido de la posibilidad de que caducase el procedimiento por su posible incumplimiento.

Es más, no es posible acordar la caducidad por la simple inactividad del interesado en la cumplimentación de trámites, siempre que no sean indispensables para dictar resolución, pues dicha inactividad no tiene otro efecto que la pérdida del derecho al trámite conferido.

Cuestión 4.

La caducidad no producirá por sí sola la prescripción de las acciones del particular o de la Administración, pero los procedimientos caducados no interrumpirán el plazo de prescripción.

En los casos en los que sea posible la iniciación de un nuevo procedimiento por no haberse producido la prescripción, podrán incorporarse a éste los actos y trámites cuyo contenido se hubiera mantenido igual de no haberse producido la caducidad. En todo caso, en el nuevo procedimiento deberán cumplimentarse los trámites de alegaciones, proposición de prueba y audiencia al interesado.

Cuestión 5.

Según la LPACAP, contra la resolución que declare la caducidad procederán los recursos pertinentes. Así, y conforme al artículo 112 LPACAP, contra las resoluciones y los actos de trámite, si estos últimos deciden directa o indirectamente el fondo del asunto, determinan la imposibilidad de continuar el procedimiento, producen indefensión o perjuicio irreparable a derechos e intereses legítimos, podrán interponerse por los interesados los recursos de alzada y potestativo de reposición, que cabrá fundar en cualquiera de los motivos de nulidad o anulabilidad previstos en los artículos 47 y 48 de dicha Ley.

SUPUESTO N.º 4

El Sr. X efectuó, el 29 de enero de 2025, una solicitud a la Administración en un asunto de su competencia, presentando para ello la documentación requerida por la normativa general aplicable al caso.

Al transcurrir el plazo legal previsto para resolver dicha solicitud –estipulado en un mes–, sin que por la Administración se resolviera la misma, el Sr. X solicitó el pertinente certificado del silencio administrativo, que le fue expedido por la Administración en el plazo de veinticinco días, haciéndole notar que había recaído silencio administrativo positivo, por lo que debía entender concedido lo solicitado.

Al ir a ejercer el Sr. X su derecho ante la propia Administración, se le indicó que, pese al certificado en su día expedido, el órgano colegiado, dependiente del Secretario de Estado, competente para resolver la solicitud había resuelto expresamente este expediente diez días después de aquella expedición, denegando la solicitud por entender que podría contravenir la legislación vigente, de todo lo cual se le iba a dar cuenta a través de la pertinente notificación.

Por ello, debía entender denegada su solicitud, absteniéndose de realizar cualquier conducta en ejercicio de su pretendido derecho.

Cuestiones

1. Indique cual es el régimen del silencio administrativo aplicable a este supuesto, así como el plazo legal para expedir el certificado del silencio administrativo, y a quien corresponde certificarlo en el caso de los órganos colegiados:

2. ¿Puede el órgano resolver el expediente tras la expedición de este certificado basándose en la obligación legal de resolver todo expediente? ¿Es legal la resolución dictada con posterioridad denegando la solicitud del Sr. X?

3. De no ser legal la resolución posterior denegando la petición del interesado, ¿de qué vicio adolecería la resolución denegatoria? Aparte de ese presunto vicio, ¿puede la Administración al dictar el acto y fundamentarlo en que la primitiva solicitud del Sr. X «podría contravenir la legislación vigente»?

4. Si el órgano que dictó el acto es de los que agotan la vía administrativa, ¿cómo puede el Sr. X hacer valer su derecho? Indique el régimen legal del recurso o recursos en cuestión.

5. ¿Qué podía hacer el órgano administrativo si entendía que la concesión del derecho al Sr. X por silencio administrativo positivo contraviene la legislación vigente? Siendo el órgano dependiente del Secretario de Estado del Ministerio con competencias en la materia, ¿Quién tiene atribuida la competencia para declarar la nulidad de dicho acto?

Soluciones

Cuestión 1.

Al amparo de lo dispuesto en el artículo 24 LPACAP, en los procedimientos iniciados a solicitud del interesado, sin perjuicio de la resolución que la Administración debe dictar, el vencimiento del plazo máximo sin haberse notificado resolución expresa, legitima al interesado o interesados para entenderla estimada por silencio administrativo.

En estos casos, la resolución solo podrá ser estimativa del silencio y tendrá, a todos los efectos, la consideración de acto administrativo finalizador del procedimiento.

El interesado puede solicitar, en cualquier momento desde la finalización del plazo para resolver, la expedición de certificado acreditativo de la estimación por silencio, disponiendo el órgano competente para resolver de un plazo de quince días a tal fin.

En el caso de los órganos colegiados de la Administración General del Estado, y sin perjuicio de las peculiaridades organizativas de las Administraciones Públicas en que se integran, será su Secretario el encargado de certificar las actuaciones del mismo con el visto bueno del Presidente, ex artículo 19 de la Ley 40/2015, de 1 de octubre, de Régimen Jurídico del Sector Público.

Cuestión 2.

La Administración tiene la obligación de resolver y a notificar la resolución en todos los procedimientos cualquiera que sea su forma de iniciación. En los casos de prescripción, renuncia del derecho, caducidad del procedimiento o desistimiento de la solicitud, así como de desaparición sobrevenida del objeto del procedimiento, la resolución consistirá en la declaración de la circunstancia que concurra en cada caso, con indicación de los hechos producidos y las normas aplicables. Se exceptúan de la obligación a que se refiere el párrafo primero, los supuestos de terminación del procedimiento por pacto o convenio, así como los procedimientos relativos al ejercicio de derechos sometidos únicamente al deber de declaración responsable o comunicación a la Administración.

Por ello, la resolución posterior a la expedición del certificado, en el supuesto que tratamos, comporta, en principio: el cumplimiento de una obligación legal.

Sin embargo, al resolver en sentido negativo a lo que previamente había concedido por silencio administrativo positivo, la Administración ha contravenido la obligación que tiene de dictar la resolución en el mismo sentido estimatorio del silencio.

Cuestión 3.

En este supuesto, es posible manifestar que la Administración ha efectuado una revisión de oficio de un acto declarativo de derechos sin seguir el procedimiento legalmente previsto al efecto, lo que supone la nulidad de pleno derecho de la misma, producida desde el momento mismo en que se dictó, al tratarse de una nulidad absoluta.

Por otra parte, no puede la Administración fundamentar la resolución en que "podría contravenir la legislación vigente", pues ello supone una falta de motivación, al no contener una sucinta referencia de hechos y fundamentos de derecho, como exige la LPACAP.

Cuestión 4.

Al existir una resolución, posterior al silencio, que deniega la petición, existen dos actos con marcado carácter contradictorio dictados por la administración, el propio del silencio, con carácter positivo, y la resolución desestimatoria, por lo que no es dable que el Sr. X puede ejercer su derecho directamente.

Por ello, sería necesario la previa declaración de nulidad del acto denegatorio, y al ser una resolución que agotó la vía administrativa, el interesado puede optar, potestativamente, por recurrir en reposición ante el mismo órgano que lo dictó o impugnarlo directamente ante el orden jurisdiccional contencioso-administrativo, si bien, si opta por la impugnación en vía administrativa, le estará vedado el recurso jurisdiccional hasta que sea resuelto expresamente o se haya producido la desestimación presunta del recurso de reposición interpuesto.

El recurso de reposición debe interponerlo en el plazo de un mes desde que le fue notificada la resolución expresa denegando su petición, disponiendo la Administración de un mes para resolverlo, transcurrido el cual, de no haber sido resuelto, dispondrá de seis meses para interponer recurso ante la Jurisdicción contencioso administrativa. Si hubiese sido resuelto el recurso administrativo, el plazo será de dos meses.

Cuestión 5.

Considerando que el acto administrativo estimatorio de la petición del Sr. X por silencio administrativo contraviene el ordenamiento jurídico, estaríamos ante un acto nulo conforme al artículo 47.1 LPACAP.

En este supuesto, la Administración puede instar un procedimiento de revisión de oficio, por propia iniciativa, declarando, previo dictamen favorable del Consejo de Estado o de la comunidad autónoma correspondiente, la nulidad del acto administrativo, salvo que por prescripción de acciones, por el tiempo transcurrido o por otras circunstancias, su ejercicio resulte contrario a la equidad, a la buena fe, al derecho de los particulares o a las leyes. El órgano competente para declarar la nulidad será el propio Secretario de Estado, disponiendo de un plazo de seis meses desde el inicio del procedimiento a tal fin.

SUPUESTO N.º 5

El Sr. X presentó, el día 3 de marzo de 2025, en la Oficina de Correos de su localidad de residencia mediante carta certificada, habiéndole sido sellada una copia del envío, un recurso administrativo de alzada, aunque lo calificó como de reposición, contra la resolución dictada por un Tribunal de Oposiciones.

En dicho recurso solicitaba la anulabilidad de un acto administrativo que le denegó su derecho a participar en las pruebas de selección tras haber incumplido un requerimiento para que subsanase un defecto en la solicitud.

Transcurridos cuatro meses desde la presentación de este recurso, sin obtener respuesta al mismo, el Sr. X solicitó del órgano ante el que interpuso el recurso la expedición del pertinente certificado del silencio administrativo, contestándosele que no había recaído resolución por cuanto el recurso se había presentado fuera de plazo, dado que su escrito se recibió en el citado órgano el día 5 de marzo y el plazo de interposición finalizó el día 4 de marzo.

Cuestiones

1. ¿Es correcto el recurso de alzada se debe planteado? Señale la competencia, plazos de interposición y resolución y fundamentación del mismo.

2. ¿El error en la calificación del recurso tiene alguna consecuencia para el Sr. X? ¿Es posible alegar un vicio afectante de anulabilidad del acto que haya sido motivado por la propia conducta del recurrente?

3. ¿Es correcta la afirmación de que no se tenía obligación de resolverlo por haberse presentado fuera de plazo? ¿Realmente se presentó fuera de plazo este recurso?

4. ¿Cuál sería el sentido del silencio en la resolución del recurso planteado? ¿Qué otra vía de impugnación después de esto compete al Sr. X?

5. ¿Es posible pedir la suspensión de la ejecución del acto, para que así se le permita al Sr. X presentarse a las pruebas selectivas?

Soluciones

Cuestión 1.

Si, conforme al artículo 121 LPACAP, las resoluciones y los actos de trámite, si estos últimos deciden directa o indirectamente el fondo del asunto, determinan la imposibilidad de continuar el procedimiento, producen indefensión o perjuicio irreparable a derechos e intereses legítimos, cuando no pongan fin a la vía administrativa, podrán ser recurridos en alzada ante el órgano superior jerárquico del que los dictó. A estos efectos, los Tribunales y órganos de selección del personal al servicio de las Administraciones Públicas y cualesquiera otros que, en el seno de éstas, actúen con autonomía funcional, se considerarán dependientes del órgano al que estén adscritos o, en su defecto, del que haya nombrado al presidente de los mismos.

El recurso podrá interponerse ante el órgano que dictó el acto que se impugna o ante el competente para resolverlo. Si el recurso se hubiera interpuesto ante el órgano que dictó el acto impugnado, éste deberá remitirlo al competente en el plazo de diez días, con su informe y con una copia completa y ordenada del expediente.

El plazo para la interposición del recurso es de un mes desde la notificación del acto impugnado, disponiendo el órgano competente para resolver de tres meses para ello. Si el acto no fuera expreso el solicitante y otros posibles interesados podrán interponer recurso de alzada en cualquier momento a partir del día siguiente a aquel en que, de acuerdo con su normativa específica, se produzcan los efectos del silencio administrativo.

El recurso cabrá fundarlo en cualquiera de los motivos de nulidad o anulabilidad previstos en los artículos 47 y 48 de esta Ley, esto es, los actos nulos de pleno derecho porque lesionen los derechos y libertades susceptibles de amparo constitucional, sean dictados por órgano manifiestamente incompetente por razón de la materia o del territorio, tengan un contenido imposible, sean constitutivos de infracción penal o se dicten como consecuencia de ésta, hayan sido dictados prescindiendo total y absolutamente del procedimiento legalmente establecido o de las normas que contienen las reglas esenciales para la formación de la voluntad de los órganos colegiados, sean contrarios al ordenamiento jurídico y en su virtud se adquieren facultades o derechos cuando se carezca de los requisitos esenciales para su adquisición, así como cualquier otro que se establezca expresamente en una disposición con rango de Ley.; igualmente cabría fundarlo en cualquier infracción del ordenamiento jurídico, incluso la desviación de poder.

Cuestión 2.

Dispone el artículo 115.2 LPACAP que: "El error o la ausencia de la calificación del recurso por parte del recurrente no será obstáculo para su tramitación, siempre que se deduzca su verdadero carácter." Por tanto, habiéndose presentado lo que en puridad debía entenderse como recurso de alzada, nada obsta para la tramitación y resolución del recurso como tal.

En cuanto a la alegación de un vicio achacable a la conducta del propio recurrente, no es posible alegarlo en ningún caso, pues admitiendo que los vicios invalidantes de un acto puedan dar lugar a la retroacción de actuaciones si producen indefensión, los titulares de la posibilidad de alegar tales defectos son los interesados que los han sufrido y nunca quienes los causan. Y así lo dispone claramente el artículo 115.3 LPACAP cuando establece que "los vicios y defectos que hagan anulable un acto no podrán ser alegados por quienes los hubieren causado". En otras palabras, únicamente puede alegar tales defectos y solicitar en su caso la retroacción de actuaciones, quien los ha sufrido.

Cuestión 3.

Según la LPACAP, la Administración está obligada a dictar resolución expresa y a notificarla en todos los procedimientos cualquiera que sea su forma de iniciación, si bien en los casos de prescripción, renuncia del derecho, caducidad del procedimiento o desistimiento de la solicitud, así como de desaparición sobrevenida del objeto del procedimiento, la resolución consistirá en la declaración de la circunstancia que concurra en cada caso, con indicación de los hechos producidos y las normas aplicables. Únicamente, se exceptúan de la obligación a que se refiere el párrafo primero, los supuestos de terminación del procedimiento por pacto o convenio, así como los procedimientos relativos al ejercicio de derechos sometidos únicamente al deber de declaración responsable o comunicación a la Administración.

Por otro lado, el artículo 116 LPACAP establece como causa de inadmisión del recurso la interposición del mismo una vez transcurrido el plazo a tal fin establecido, si bien dicha causa no se encuentra entre los supuestos que permiten a la Administración abstenerse de resolver (artículo 88.5 LPACAP).

En consecuencia, se debió resolver en el sentido de inadmitir el recuso por presentación extemporánea del mismo.

No obstante, lo cierto es que el recurso no se puede considerar presentado fuera de plazo, ya que el Sr. X presentó en la oficina de correos de su localidad el escrito de recurso el día 3 de marzo, según le fue sellado por la misma, e independientemente de cuando le llegase a la Administración el envío o fuese recepcionado por la misma, debe considerarse aquella fecha como la de interposición del recurso.

Cuestión 4.

El sentido del silencio es desestimatorio, pues el artículo 24 LPACAP así lo determina, al disponer que en los procedimientos de impugnación de actos y disposiciones y en los de revisión de oficio iniciados a solicitud de los interesados. Sólo hay una excepción, y es cuando el recurso de alzada se interpone contra la desestimación por silencio administrativo de una solicitud por el transcurso del plazo, supuesto en el que se entenderá estimado el mismo si, llegado el plazo de resolución, el órgano administrativo competente no dictase y notificase resolución expresa, siempre que no se refiera a materias en las que se dé la transferencia al solicitante o a terceros de facultades relativas al dominio público o al servicio público, impliquen el ejercicio de actividades que puedan dañar el medio ambiente y en los procedimientos de responsabilidad patrimonial de las Administraciones Públicas.

Contra la desestimación del recurso de alzada, cabría interponer, en vía administrativa, recurso potestativo de reposición, recurso extraordinario de revisión si concurriese alguna de las causas que legalmente así lo permiten, es decir, que al dictarlos se hubiera incurrido en error de hecho, que resulte de los propios documentos incorporados al expediente, que apareciesen documentos de valor esencial para la resolución del asunto que, aunque sean posteriores, evidencien el error de la resolución recurrida, que en la resolución hayan influido esencialmente documentos o testimonios declarados falsos por sentencia judicial firme, anterior o posterior a aquella resolución o que la resolución se hubiese dictado como consecuencia de prevaricación, cohecho, violencia, maquinación fraudulenta u otra conducta punible y se haya declarado así en virtud de sentencia judicial firme.

En vía jurisdiccional, la impugnación puede llevarla a cabo a través de la interposición del recurso contencioso administrativo.

Cuestión 5.

Conforme al artículo 117 LPACAP, la interposición del recurso de alzada, salvo que una disposición establezca lo contrario, no suspende la ejecución del acto impugnado.

Sin embargo, el Sr. X podía haber solicitado al órgano competente para resolver el recurso, o este, de oficio, decretar, previa ponderación, suficientemente razonada, entre el perjuicio que causaría al interés público o a terceros y el ocasionado al recurrente como consecuencia de la eficacia inmediata del acto recurrido, la suspensión de la ejecución del acto impugnado alegando la concurrencia de que la ejecución causaría perjuicios de imposible o difícil reparación, al impedir su participación en las pruebas selectivas.

SUPUESTO N.º 6

El Ayuntamiento de X, un Municipio de régimen común, realizó una contratación directa, a través del procedimiento negociado, para adquirir unas colecciones bibliográficas para los Colegios de Educación Primaria del Municipio, por importe de 60.000 euros, adjudicando el contrato a la Editorial X, en cuyo fondo bibliográfico se encontraban, en exclusiva, los títulos que deseaba adquirir.

La Editorial Y, por su parte, conocedora de esta contratación, impugnó el acuerdo de adjudicación, alegando que:

a) Por razón de la cuantía no es posible esta contratación directa.

b) Debería haberse seguido un mecanismo de licitación pública o de consulta, al menos, a tres Editoriales.

c) La Editorial X no se encontraba al corriente de pagos con la Tesorería General de la Seguridad Social, según acreditaba con certificación al efecto.

d) Como consecuencia de lo anterior, el contrato adolecía de vicios de anulabilidad y de nulidad de pleno derecho.

Cuestiones

1. ¿Quién ostenta la competencia originaria para contratar en un Ayuntamiento de un Municipio de régimen común? ¿Es delegable esta competencia? A los efectos anteriores, las resoluciones dictadas en ejercicio de una potestad delegada, ¿por qué órgano se entienden dictadas?

2. ¿Qué tipo de contrato es el celebrado con la Editorial X? Indica su régimen jurídico?

3. En el caso propuesto, ¿tiene razón la Editorial Y sobre la inadecuación de esta forma de contratación?

4. ¿Qué efectos tiene la celebración de un contrato con un empresario que no se encuentra al corriente de pagos con la Seguridad Social? En caso de existir algún vicio, ¿cuál sería el afectante al contrato del supuesto en cuestión?

5. Si la adjudicación del contrato se efectuó por el órgano del Ayuntamiento que ostentaba la competencia para este supuesto concreto por delegación, ¿qué recurso administrativo amparaba a la Editorial Y contra la adjudicación?

Soluciones

Cuestión 1.

La Disposición adicional segunda de la Ley 9/2017, de 8 de noviembre, de Contratos del Sector Público (LCSP, en adelante), preceptúa que corresponden a los Alcaldes y a los Presidentes de las Entidades Locales las competencias como órgano de contratación respecto de los contratos de obras, de suministro, de servicios, los contratos de concesión de obras, los contratos de concesión de servicios y los contratos administrativos especiales, cuando su valor estimado no supere el 10 por ciento de los recursos ordinarios del presupuesto ni, en cualquier caso, la cuantía de seis millones de euros, incluidos los de carácter plurianual cuando su duración no sea superior a cuatro años, eventuales prórrogas incluidas siempre que el importe acumulado de todas sus anualidades no supere ni el porcentaje indicado, referido a los recursos ordinarios del presupuesto del primer ejercicio, ni la cuantía señalada.

Por su parte, corresponden al Pleno las competencias como órgano de contratación respecto de los contratos mencionados en el apartado anterior que celebre la Entidad Local, cuando por su valor o duración no correspondan al Alcalde o Presidente de la Entidad Local, conforme al apartado anterior.

En los municipios de gran población, las competencias del órgano de contratación que se describen en los apartados anteriores se ejercerán por la Junta de Gobierno Local, cualquiera que sea el importe del contrato o la duración del mismo, siendo el Pleno el competente para aprobar los pliegos de cláusulas administrativas generales.

Por otro lado, conforme al artículo 61 LCSP, la representación de las entidades del sector público en materia contractual corresponde a los órganos de contratación, unipersonales o colegiados que, en virtud de norma legal o reglamentaria o disposición estatutaria, tengan atribuida la facultad de celebrar contratos en su nombre, pudiendo estos delegar o desconcentrar sus competencias y facultades en esta materia con cumplimiento de las normas y formalidades aplicables en cada caso para la delegación o desconcentración de competencias, en el caso de que se trate de órganos administrativos, o para el otorgamiento de poderes, cuando se trate de órganos societarios o de una fundación.

Por tanto, es delegable esta competencia.

Por último, y según lo dispuesto en el artículo 9.4 de la Ley 40/2015, de 1 de octubre, de Régimen Jurídico del Sector Público, las resoluciones administrativas que se adopten por delegación indicarán expresamente esta circunstancia y se considerarán dictadas por el órgano delegante.

Cuestión 2.

El artículo 16 LCSP regula el contrato de suministro como aquel que tienen por objeto la adquisición, el arrendamiento financiero, o el arrendamiento, con o sin opción de compra, de productos o bienes muebles. Este contrato tiene carácter administrativo y se regirá en cuanto a su preparación, adjudicación, efectos, modificación y extinción, por esta Ley y sus disposiciones de desarrollo; supletoriamente se aplicarán las restantes normas de derecho administrativo y, en su defecto, las normas de derecho privado.

Cuestión 3.

No, ya que el Ayuntamiento se acogió al procedimiento negociado sin publicidad, por autorizarlo así el artículo 168 LCSP, que permite este tipo de procedimiento de contratación con ocasión de la protección de derechos exclusivos, incluidos los derechos de propiedad intelectual e industrial, ya que en el fondo editorial de la empresa adjudicataria se encontraban las obras objeto del contrato.

Cuestión 4.

El artículo 71 LCSP determina entre las prohibiciones de contratar el hecho de no hallarse al corriente en el cumplimiento de las obligaciones tributarias o de Seguridad Social impuestas por las disposiciones vigentes.

Al encontrarse la Editorial X incursa en una prohibición de contratar, la adjudicación es nula de pleno derecho, y debió haber sido apreciada de oficio por el órgano de contratación del Ayuntamiento X, ya que esta circunstancia debe concurrir en la fecha final de presentación de ofertas y subsistir en el momento de perfección del contrato.

Finalmente, y por el motivo expuesto, la prohibición de contratar es un defecto insubsanable.

Cuestión 5.

Conforme al artículo 44 LCSP, los acuerdos de adjudicación son susceptibles del recurso especial en materia de adjudicación cuando se refieran a contratos de suministros que tengan un valor estimado superior a cien mil euros.

Como este no es el caso, la propia Ley prevé la aplicación subsidiaria de los recursos establecidos en la Ley 39/2015, de 1 de octubre, del Procedimiento Administrativo Común de las Administraciones Públicas. Tratándose pues de un acto de los que agotan la vía administrativa, al deberse considerar dictada por el órgano delegante, en este caso el Alcalde o Presidente de la Entidad Local, cuyos actos tienen esa consideración conforme al artículo 52 de la Ley 7/1985, de 2 de abril, Reguladora de las Bases del Régimen Local, el recurso administrativo que procedía era el de reposición, si no fuera firme el acto, o el extraordinario de revisión, si fuera firme, por concurrir alguna de las causas previstas en el art. 125.1 LPACAP.

El día 8 de enero de 2024, el Sr. X circulaba con su ciclomotor por la una vía sin asfaltar del municipio de régimen común de Villarta de los Montes, llegando a colisionar con una tapa de alcantarilla para el suministro de agua que se encontraba sobreelevada en mitad del camino, que es gestionada por la sociedad Aguas del Cijara, S.A. en virtud de un contrato administrativo de concesión de servicios.

Consecuencia de esa colisión, cayó al suelo sufriendo lesiones de diversa consideración de las que tardó en curar 187 días sin secuelas, siendo dado de alta con fecha 13 de julio de 2024.

Después de recopilar toda la información sobre el siniestro, el día 3 de marzo de 2025 interpone por medios electrónicos la correspondiente reclamación en cuantía de 6.930,22 euros, por responsabilidad patrimonial del Ayuntamiento, el cual dictó resolución desestimando la misma, que le fue notificada en papel, en el sentido siguiente:

1.- Que solicitado informe a la Dirección General de Proyectos y Obras de la Mancomunidad de municipios de Cijara, esta había determinado que la alcantarilla contra la que colisionó el motorista se encuentra sobreelevada unos 40 cm., que supone un obstáculo en la calzada y es de titularidad de la sociedad Aguas del Cijara, S.A.

2.- Llamada al procedimiento la entidad Aguas del Cijara S.A., opuso que la alcantarilla contra la que colisionó el motorista se encuentra sobreelevada unos 40 cm. de la rasante de tierra que conforma el carril de circulación, siendo perfectamente visible para una persona que circule por allí con la diligencia debida y que se encuentra así dispuesta precisamente para evitar la ocurrencia de accidentes.

3.- Que efectuados los trámites anteriores, se concluye que la reclamación se interpuso transcurrido un año desde la ocurrencia del hecho, por lo que procede declarar la prescripción de la acción de conformidad con lo dispuesto en el artículo 67 de la Ley 39/2015, de1 de octubre, por el que "Los interesados sólo podrán solicitar el inicio de un procedimiento de responsabilidad patrimonial, cuando no haya prescrito su derecho a reclamar." Al no existir secuelas, debe entenderse que la determinación de las mismas se produjo en el mismo momento de ocurrencia del accidente..

Cuestiones

1. Indique el régimen legal del procedimiento administrativo de responsabilidad patrimonial de la Administración en relación al supuesto de hecho planteado.

2. ¿Cuáles son las formas de iniciación de un procedimiento administrativo de responsabilidad patrimonial de la Administración?

3. ¿Cuál es el plazo de que dispone la Administración para resolver el procedimiento y sentido del silencio, en su caso? ¿Qué recurso/s administrativo/s podrá presentar el Sr. X contra la desestimación expresa de su petición de responsabilidad patrimonial y plazo para ello?

4. ¿Quién sería, caso de que lo hubiere, responsable de los daños y perjuicios sufridos por el Sr. X en este supuesto, el Ayuntamiento o Aguas de Cijara, S.A.?

5. ¿Es correcta la apreciación del Ayuntamiento de que la reclamación patrimonial se interpuso fuera de plazo?

Soluciones

Cuestión 1.

De conformidad con el artículo 32 de la Ley 40/2015, de 1 de octubre, de Régimen Jurídico del Sector Público, los particulares tendrán derecho a ser indemnizados por las Administraciones Públicas correspondientes, de toda lesión que sufran en cualquiera de sus bienes y derechos, siempre que la lesión sea consecuencia del funcionamiento normal o anormal de los servicios públicos salvo en los casos de fuerza mayor o de daños que el particular tenga el deber jurídico de soportar de acuerdo con la Ley.

El daño sufrido, en todo caso, habrá de ser efectivo, evaluable económicamente e individualizado con relación a una persona o grupo de personas.

Asimismo, el artículo 32.9 LRJSP, dispone que se seguirá el procedimiento previsto en la Ley de Procedimiento Administrativo Común de las Administraciones Públicas para determinar la responsabilidad de las Administraciones Públicas por los daños y perjuicios causados a terceros durante la ejecución de contratos cuando sean consecuencia de una orden inmediata y directa de la Administración o de los vicios del proyecto elaborado por ella misma sin perjuicio de las especialidades que, en su caso establezca el Real Decreto Legislativo 3/2011, de 14 de noviembre, por el que se aprueba el texto refundido de la Ley de Contratos del Sector Público (esta cita habrá de entenderse hecha a la Ley 9/2017, de 8 de noviembre, de Contratos del Sector Público).

Cuestión 2.

Los procedimientos de responsabilidad patrimonial de la Administración pueden iniciarse de oficio o a instancia del interesado. En ambos casos resulta necesario que no haya prescrito el derecho a la reclamación de este.

En cuanto al primero, la Administración notificará el acuerdo de iniciación del procedimiento al particular presuntamente lesionado, concediéndole un plazo de diez días para que aporte cuantas alegaciones, documentos o información estime conveniente a su derecho y proponga cuantas pruebas sean pertinentes para el reconocimiento del mismo. El procedimiento iniciado se instruirá aunque el particular presuntamente lesionado no se persone en el plazo establecido.

En el segundo de los supuestos, además de los datos personales, los hechos, razones y petición en que se concrete, con toda claridad, la petición, en la solicitud se deben especificar las lesiones producidas, la presunta relación de causalidad entre éstas y el funcionamiento del servicio público, la evaluación económica de la responsabilidad patrimonial, si fuera posible, y el momento en que la lesión efectivamente se produjo, acompañándola de cuantas alegaciones, documentos e informaciones se estimen oportunos y de la proposición de prueba, concretando los medios de que pretenda valerse el reclamante.

Cuestión 3.

Dispone el artículo 91.3 LPACAP que el plazo del que dispone el Ayuntamiento para resolver y notificar la resolución es de seis meses, transcurrido el cual se podrá entender desestimada la pretensión por silencio.

El órgano del Ayuntamiento competente para resolver es el Alcalde o Presidente de la corporación municipal, de conformidad con las facultades que le otorga el artículo 21.1 de la Ley 7/1985, de 2 de Abril, Reguladora de las Bases de Régimen Local, y como quiera que agota la vía administrativa, los recursos que competen al Sr. X son el de reposición, teniendo el plazo de un mes para ello, o el extraordinario de revisión, para el que dispondrá de cuatro años, si se basa en error de hecho, o de tres meses en los restantes supuestos previstos en el art. 125.1 LPACAP.

Cuestión 4.

La responsabilidad patrimonial de la Administración deriva de la existencia de una lesión consecuencia del funcionamiento normal o anormal de los servicios públicos, a salvo los casos de fuerza mayor o de daños que el particular tenga el deber jurídico de soportar de acuerdo con la Ley.

Como hemos visto, el artículo 32.9 LRJSP, dispone que se seguirá el procedimiento previsto en la Ley de Procedimiento Administrativo Común de las Administraciones Públicas para determinar la responsabilidad de las Administraciones Públicas por los daños y perjuicios causados a terceros durante la ejecución de contratos cuando sean consecuencia de una orden inmediata y directa de la Administración o de los vicios del proyecto elaborado por ella misma sin perjuicio de las especialidades que, en su caso establezca la Ley 9/2017, de 8 de noviembre, de Contratos del Sector Público. La existencia de una alcantarilla sobreelevada en la calzada no es propio de ninguna orden de la administración en la ejecución del contrato, por lo que en este particular, el Ayuntamiento carece de responsabilidad.

No obstante, y conforme a la LBRL, el Ayuntamiento si tiene competencias sobre las infraestructuras viarias y el tráfico en las vías de su titularidad, imponiéndosele, además, la obligación de mantenerlas en perfecto estado de uso para el tráfico rodado. Al respecto es necesario aclarar que la imputabilidad no desaparece porque la actuación administrativa no sea realizada por la Administración misma sino a través de un tercero, ya sea contratista o empresa mixta creada al efecto, pues el daño se atribuye a una actuación propia del giro o tráfico de la Administración que ésta ha considerado conveniente realizar a través de terceros. La única incidencia de tal intervención concierne a quién haya de pagar la indemnización si se estima que hay responsabilidad, para lo cual ha de tenerse en cuenta el artículo 196 LCSP, de modo que la actuación antijurídica del tercero conllevaría la obligación de éste al pago, salvo orden directa de la Administración o vicio del proyecto, lo que es razonable estimar que no concurre en este supuesto.

Cuestión 5.

En absoluto, ya que el artículo 67 LPACAP dispone que el derecho a reclamar prescribe al año de producido el hecho o el acto que motive la indemnización o se manifieste su efecto lesivo, pero en caso de daños de carácter físico o psíquico a las personas, el plazo empezará a computarse desde la curación o la determinación del alcance de las secuelas. En este caso, el Sr. X curó de sus lesiones transcurridos 186 días desde el accidente, esto es, el día 13 de julio de 2024, por lo que desde ese momento habrá de computarse el dies a quo para el plazo prescriptivo, que no se cumplirá hasta el día 14 de julio de 2025, siendo independiente de la existencia de secuelas o no, ya que el precepto distingue entre una y otra situación.

Cómo acceder al Curso

Cuerpo de Gestión de la Administración Civil del Estado (acceso libre)

Test del temario y supuestos prácticos

El uso de los códigos **es exclusivo de los compradores de los productos de Editorial MAD**. Cada producto posee un código único y de un solo uso. Es personal e intransferible y da acceso a servicios y contenidos adicionales. Editorial MAD se reserva el derecho de hacer cuantas comprobaciones sean necesarias para identificar al legítimo poseedor del código y dejar de dar servicio a quien haga uso fraudulento del mismo, además de emprender cuantas acciones legales estime oportunas según la legislación vigente.

Deberás acceder a:

mad.es/registro-campus

Si una vez aceptadas las condiciones de uso del Campus decides hacer uso del mismo, necesitarás del siguiente código de acceso junto con los códigos del resto de títulos que se exigen (si fuera el caso):

KYRCMPJD9N